"Me alegra que Leadership Roundtable haya querido traducir estas mejores prácticas de liderazgo en la iglesia de los Estados Unidos con el fin de que los líderes hispanoparlantes las utilicen. Felicito a Leadership Roundtable por la visión de asociarse con el Mexican American Catholic College y Liturgical Press para este importante trabajo".

    —Mons. Gustavo García-Siller
      Arzobispo de San Antonio

"Admiro y agradezco las valiosas contribuciones del Leadership Roundtable para traer las mejores prácticas de la buena administración y liderazgo a nuestra Iglesia. Este trabajo ahora beneficiará a nuestros líderes que prefieren reflexionar en español. Estoy segura de que este excelente trabajo beneficiará tanto los líderes laicos como a nuestro clero".

    —Hna. Teresa Maya, CCVI
      Catholic Health Association

"La Iglesia en los Estados Unidos está bendecida por el regalo del crecimiento de la Comunidad Latina, el clero, religiosos y religiosas y los fieles laicos. Estoy seguro que este excelente libro los llenará de inspiración en su deseo de vivir su fe y compartir el amor de Dios en su trabajo, sus comunidades y en sus deberes civiles".

    —Mons. José Gomez
      Arzobispo de Los Angeles

La Caja de Herramientas para Líderes Pastorales

Editado por Juan J. Molina y Patrick Stokely

LITURGICAL PRESS

Collegeville, Minnesota

litpress.org

© 2024 por Leadership Roundtable

| 1 | 2 | 3 | 4 | 5 | 6 | 7 | 8 | 9 |

Library of Congress Cataloging-in-Publication Data

Names: Molina, Juan, editor. | Stokely, Patrick, editor.
Title: La caja de herramientas para líderes pastorales / editado por Juan J. Molina y Patrick Stokely.
Other titles: Pastor's toolbox. Selections. Spanish.
Description: Collegeville, Minnesota : Liturgical Press, [2024] | Selected topics from A Pastor's Toolbox, volumes 1 & 2, with new material. | Includes bibliographical references. | Summary: "La Caja de Herramientas Para Líderes Pastorales es una respuesta a los la importancia de apoyar al siempre creciente clero hispanoparlante y líderes laicos en las mejores prácticas en el liderazgo parroquial. Hemos seleccionado varios temas del existente A Pastor's Toolbox, Volúmenes 1 & 2, y hemos agregado nuevos trabajos para apoyar los líderes. Algunos de los temas incluyen Recursos Humanos, Visión, Gestión de Voluntarios, Pastoral Juvenil, Gestión de Riesgos y Administración y Recaudación de Fondos, por nombrar algunos. Todos estos capítulos han sido traducidos al español por el Padre Juan Molina y su equipo en el Mexican American Catholic College"— Provided by publisher.
Identifiers: LCCN 2023033804 (print) | LCCN 2023033805 (ebook) | ISBN 9780814667736 (trade paperback) | ISBN 9780814667743 (epub)
Subjects: LCSH: Pastoral theology—Catholic Church. | Christian leadership—Catholic Church. | Parishes.
Classification: LCC BX1913 .C25 2024 (print) | LCC BX1913 (ebook) | DDC 262/.142—dc23/eng/20231017
LC record available at https://lccn.loc.gov/2023033804
LC ebook record available at https://lccn.loc.gov/2023033805

Contenido

Prólogo a la traducción

Juan Molina y Patrick Stokely

Todos conocemos la historia de Jesús cuando les dice a sus discípulos que dieran de comer a la multitud que se había reunido a su alrededor. La gente a la que dieron de comer era más de "cinco mil, sin contar las mujeres y los niños" (Mt. 14, 18). Y así, sentimos que hemos ido a Jesús y le hemos dicho que vemos otro grupo de gente que necesita ser alimentada. De nuevo, Jesús nos dice que nosotros les demos de comer. Y luego, como Jesús hace en el relato evangélico, nos pregunta de qué recursos disponemos para llevar a cabo esta tarea. Esta vez, no tenemos dos peces y cinco panes. Pero tenemos algo que ofrecer. Y confiamos en que Cristo bendecirá lo que tenemos para que podamos compartirlo en abundancia.

Desde su fundación, Leadership Roundtable se ha enfocado en la promoción de las mejores prácticas para la gestión cotidiana de las operaciones diocesanas y parroquiales. Esto está basado en los valores de corresponsabilidad y transparencia, que fomentan el compromiso sano y santo de los laicos con el clero para cumplir la gran comisión de "id, pues, y haced discípulos a todas las gentes, bautizándolas en el nombre del Padre y del Hijo y del Espíritu Santo" (Mt. 28, 19).

En respuesta a la emergente diversidad de culturas y lenguas en nuestra sociedad y en nuestra iglesia, y al creciente número de fieles cuya primera lengua es el español, hemos seleccionado capítulos de los Volúmenes 1 y 2 de *A Pastor's Toolbox* y hemos añadido nuevas obras que ayudarán a la formación de líderes pastorales tanto del clero como laicos.

Confiamos en que esta traducción de los capítulos seleccionados por el personal del Mexican American Catholic College sea útil para muchos líderes pastorales y que tenga eco en los diversos grupos hispanoparlantes de los Estados Unidos. Si bien toda labor de interpretación y traducción tiene sus retos, esperamos que el trabajo presentado resalte los valores del evangelio que se "traducen" en buenas habilidades de administración y liderazgo.

Los temas seleccionados para esta obra logran un equilibrio entre las preocupaciones de liderazgo de un párroco/sacerdote y las de un líder pastoral laico en un contexto diocesano o parroquial. La obra contribuye a la tradición de la Iglesia católica de alimentar a la multitud hambrienta con los recursos que tenemos, y oramos para que Cristo los bendiga y los reparta.

Introducción

Me emocionó y me honró que me ofrecieran la oportunidad de escribir la introducción a esta obra de Leadership Roundtable. La Iglesia católica de los Estados Unidos continúa siendo testigo del rápido crecimiento de miembros de habla hispana fieles y entusiastas en la vivencia de su fe. Mi trabajo con el V Encuentro Nacional solidificó aún más mi creencia en la belleza y la riqueza que la comunidad católica hispana aporta a la Iglesia, y en la importancia de apoyar su crecimiento en el liderazgo. Este texto contiene las mejores prácticas de liderazgo y, gracias al trabajo de los traductores bajo la guía del padre Juan Molina del Mexican American Catholic College, está ahora accesible para aquellos cuyo primer idioma es el español.

Este trabajo beneficiará tanto al clero como a los líderes y ministros laicos con temas como: *Para Entender la Iglesia en los Estados Unidos de América, Liderazgo de Servicio; Comunicaciones: ¿Vitaminas o Postre?; Pastoral Juvenil; Gestión de Voluntarios; Gestión de Recursos Humanos; y Reuniones Parroquiales Efectivas,* que son algunos de los 16 temas de este texto. Los autores son reconocidos expertos a nivel nacional en sus respectivos campos, que ofrecen su perspectiva y experiencia de muchos años de servicio a la Iglesia.

Quiero felicitar a la Leadership Roundtable por su visión y compromiso de servir al clero hispano y a los líderes y ministros laicos de la Iglesia católica y deseo encomendar este trabajo a la protección e intercesión de Nuestra Señora de Guadalupe en este día 12 de diciembre de 2023.

Mons. Nelson J. Pérez D.D.
Arzobispo de Philadelfia

Para Entender la Iglesia en los Estados Unidos de América

Mar Muñoz-Visoso

La Iglesia universal, si bien manteniendo la unidad en la fe, siempre adquiere elementos propios de cada cultura donde se asienta. En cada lugar está llamada a ser sal de la tierra y luz del mundo, presentando el mensaje del evangelio de modo que éste pueda ser recibido en esa sociedad para transformarla desde adentro.

Recuerdo mi primera experiencia al entrar en una iglesia católica en Estados Unidos. Era una parroquia suburbana al noroeste de Denver, Colorado. ¡Todo era tan diferente de la experiencia de iglesia de dónde vengo yo! Era una construcción moderna. El templo estaba prácticamente desnudo de imágenes, y las oficinas tenían múltiple personal pagado. Estaba admirada. En la parroquia de mi pueblo éramos todos voluntarios, excepto el párroco, pero hasta las ermitas y capillas más humildes están siempre decoradas, y a menudo tienen capillitas o altares laterales dedicados a diferentes santos. En Colorado, sólo en algunas iglesias fundadas por inmigrantes encontré un ambiente familiar y me sentí tantito más arropada por los santos en sus nichos y las imágenes bíblicas en sus vidrieras. Unos meses después, al llegar la Semana Santa, sentí de repente un gran vacío y un silencio casi ensordecedor. Aquí no había procesiones por las calles. Es más, ¡se trabajaba el Viernes Santo! Nada afuera del edificio parroquial indicaba que aquellas eran las fechas más sagradas del año . . . Me di cuenta de que estaba en una sociedad muy secularizada donde la religión tiende a reservarse a la esfera de lo privado, incluso entre los católicos, y donde las expresiones de fe públicas prácticamente no existen o se reservan a ocasiones especiales como una oración de apertura o clausura en un acto público.

La experiencia me llevó a valorar la importancia de las tradiciones y devociones populares con las que había crecido. Y durante mis 12 años en Colorado, anduve a caballo entre mi parroquia "angloamericana" – con misas en inglés y edificio sobrio, aunque con estilos musicales litúrgicos modernos y gente muy amable que siempre me acogió bien – y las parroquias con misa en español, grupos juveniles y carismáticos, o comunidades de base, que alegraban mi corazón y mi alma con cantos y oraciones en un idioma y estilo familiar.

Pronto aprendí que acá había que hacer cita para todo, planear con meses de anticipación y coordinar con una multiplicidad de otras actividades y ministerios. Al mismo tiempo, me admiraba el increíble número de laicos bien preparados en teología y ministerios pastorales. Me llamó la atención que hubiera tantos laicos en puestos de responsabilidad eclesial, y también la realidad del diaconado permanente, una figura prácticamente desconocida de donde yo venía, pero aparentemente muy común acá.

Mi experiencia como periodista y editora del periódico católico local, y como directora del ministerio hispano arquidiocesano en Denver, y después mi trabajo con la Conferencia de Obispos Católicos en Washington DC, me ayudaron a entender y apreciar el mosaico de pueblos, tradiciones y culturas que forman la Iglesia católica en Estados Unidos. Y también a reconocer que los católicos de origen hispano somos parte integral de esta Iglesia desde los inicios de la evangelización en este país. A su propio riesgo, los cronistas de la historia de la Iglesia en este país a veces se empeñan en ignorar las raíces y la definitiva influencia hispana en el catolicismo norteamericano. Una influencia que continúa hasta nuestros días, de manera creciente, por las sucesivas olas de inmigrantes llegados de América Latina y el Caribe, y sobre todo por el crecimiento de la población nativa de herencia latina.

Las palabras y pensamientos que siguen van dedicados a todos aquellos que, como yo, venimos de experiencias eclesiales distintas, pero hemos echado raíces en estas tierras estadounidenses; y para aquellos que, habiendo escuchado el llamado a ser discípulos misioneros en este país, han aceptado la tarea de ejercer posiciones de responsabilidad en sus estructuras eclesiales. Finalmente, también para aquellos católicos no hispanos, que por amor al pueblo latino se han hecho uno con nosotros y nos acompañan en nuestro caminar de fe y servicio a la Iglesia en los Estados Unidos. ¡Va por ustedes!

Una iglesia marcada por la diversidad

Lo primero que llama la atención de los Estados Unidos para alguien que viene de afuera es su diversidad, en todos los posibles significados de la palabra. País receptor de inmigrantes desde su fundación, la diversidad de pueblos y culturas que aquí se juntan y se mezclan da pie a ricos y variados mosaicos demográficos, culturales, sociales y religiosos en las distintas partes del país. Esto le ha dado a la nación una cualidad pluralista.

La Iglesia católica no es una excepción, y es considerada la segunda institución más diversa del país, solo después de las Fuerzas Armadas. En la Arquidiócesis de Los Ángeles, por ejemplo, la misa se celebra cada domingo en más de 40 idiomas diferentes. En un número creciente de diócesis, un alto porcentaje (hasta el 30 %) del presbiterado es "internacional" esto es, compuesto por clero importado de otros países para atender las necesidades pastorales de la Iglesia local.

Mientras en el sur y oeste del país sigue creciendo la Iglesia y construyendo parroquias e infraestructuras para hacer frente al crecimiento poblacional, en el noreste y centro norte del país (*Midwest*) se siguen cerrando y consolidando[1] iglesias y escuelas para acomodar a congregaciones más reducidas. Esto se debe tanto al declive poblacional motivado por la emigración interna a otros estados de la Unión Americana, como por el descenso en el número global de católicos en el país, una tendencia que es compartida por la mayoría de las otras denominaciones cristianas. La parroquia monolingüe y monocultural, de corte asimilacionista, todavía prevalente en muchos enclaves suburbanos del país, está en declive.

Por otro lado, el modelo parroquial que más ha crecido en años recientes es la parroquia multicultural o compartida, donde varios grupos lingüísticos, étnicos y culturales se juntan bajo un mismo techo y con un mismo párroco. En estas parroquias se crean espacios eclesiales de acogida para que cada comunidad reciba atención pastoral según sus necesidades, desarrolle un sentido de pertenencia y pueda fortalecer su legado espiritual y cultural. En estas comunidades se busca crear formas de integración e inclusión donde todos puedan contribuir al crecimiento y sostenimiento de la comunidad, pero desde el respeto a las varias tradiciones. Se valora la diversidad como un don y no un problema a ser resuelto, conscientes de que la unidad en la diversidad es una marca constitutiva de nuestro ser católico. Y se entiende que la unidad se basa en la profesión de una fe común y no en el idioma hablado o en las expresiones de fe preferidas por una comunidad específica.

Existen también "parroquias étnicas", necesarias para congregar y fortalecer a algunos grupos étnicos y culturales minoritarios, pero éstas no son la norma. Las antiguas "parroquias nacionales", muy comunes a finales del siglo XIX y primera mitad del siglo XX, hace tiempo que cayeron en desuso, aunque en algunos lugares todavía existen algunas, especialmente en las grandes ciudades.

La interculturalidad, aunque necesaria para llevar a cabo la misión de la Iglesia, no es trabajo fácil. La integración es un proceso que toma tiempo y esfuerzo. Las diferentes formas de trabajar, comunicarse, escoger liderazgo o resolver conflictos, e incluso de expresar la fe, a veces dan pie a malentendidos y recelo entre comunidades. Las disputas por el uso de los espacios e instalaciones no son infrecuentes. (Aunque este sea un "buen problema", pues ¡al menos se están usando!). Sin embargo, algo es evidente: las parroquias e instituciones eclesiales que no han sabido entender los cambios demográficos sucediendo a su alrededor, que no han salido a buscar o no han sabido dar la bienvenida a los nuevos católicos en sus territorios y crear espacios para ellos, son las que más dificultades están experimentando actualmente. Aproximadamente el 36-38 por ciento de las parroquias estadounidenses son consideradas pluriculturales y la cifra va en aumento.

La Iglesia católica en los Estados Unidos está constituida por aproximadamente 66.8 millones de católicos distribuidos en ciento setenta y ocho (178) (arqui)diócesis de la Iglesia latina y dieciocho (18) eparquías católicas orientales. A efectos de organización, las provincias eclesiásticas dentro del territorio de la Conferencia de Obispos Católicos de los Estados Unidos se agrupan en quince (15) regiones administrativas. Las Regiones I-XIV representan la diversidad geográfica, mientras que las Iglesias católicas orientales, extendidas por todo el territorio nacional, forman la Región XV[2].

Aproximadamente el 50 por ciento de todas estas diócesis son consideradas "misiones internas" (*home missions*), bien porque el número de católicos es muy pequeño en comparación a la población total del estado o región, o por tratarse de diócesis en zonas rurales o económicamente deprimidas. Estas diócesis no pueden sostenerse económicamente por sí mismas y necesitan ayuda de las colectas nacionales para atender las necesidades locales.

Aunque la iglesia estadounidense es muy generosa con proyectos de ayuda a otros países, es también una iglesia con numerosos retos internos, dada su vasta extensión territorial y la importante desigualdad económica entre las diversas diócesis y áreas del país. Históricamente, también ha debido desarrollarse en una cultura predominantemente anglosajona de corte protestante. El anticatolicismo ha marcado mucho la historia de los Estados Unidos y esto ha hecho que, en ciertos momentos históricos, la iglesia se replegara sobre sí misma, refugiándose en sus edificios y estructuras para proteger y formar a los suyos. En algunos lugares, la influencia del protestantismo también ha dado a algunas comunidades un carácter más congregacionalista y menos misionero. Sin embargo, la iglesia ha sabido salir adelante, y hoy en día es una de las principales proveedoras de servicios sociales, de salud, educativos, y de acogida y reasentamiento de refugiados e inmigrantes.

Una Iglesia altamente profesionalizada

La Iglesia en EE.UU. valora la formación formal teológico-pastoral tanto del clero como de los laicos, y la buena administración. Es también una iglesia donde la restauración del diaconado permanente, tras el Concilio Vaticano II, encontró tierra fértil. Se cuentan por miles los hombres, en su mayoría casados, de distintas profesiones y procedencias que, con el consentimiento y apoyo de sus esposas, se entregan en servicio de las comunidades locales. Es también una Iglesia que ha sabido dar cancha, por necesidad, a los laicos en muchas tareas administrativas, organizativas y pastorales que no requieren la ordenación, liberando así a los sacerdotes para la predicación y la celebración de los sacramentos.

Personalmente, he experimentado una iglesia donde la mujer es valorada y promovida a posiciones de responsabilidad con mayor regularidad que en otros países. Sin embargo, todavía se invierte muy poco en su liderazgo. Solo en algunos casos de quienes se aferran a un clericalismo anacrónico y sin base evangélica, que también los hay, esta colaboración se ve como una amenaza. Sin embargo, hemos de reconocer que para algunos misioneros llegados de otras culturas esta colaboración estrecha y cercana con los laicos y especialmente con las mujeres, resulta algo sorprendente, e incluso curioso, y que a veces les toma tiempo ajustar sus esquemas operativos y de pensamiento. Generalmente, una vez reconocidas y experimentadas las ventajas de la colaboración, ya no hay marcha atrás.

La Iglesia en este país, pone mucho énfasis en la buena preparación de catequistas y maestros a través de congresos y cursos de formación. Especialmente para aquellos que han de formar a otros y dirigir departamentos y programas, las licenciaturas, maestrías y doctorados en teología y ministerios pastorales son requeridos o altamente valorados. En este contexto de una "iglesia minoría" – en un país tradicionalmente protestante pero cada vez más secular e indiferente a cualquier tipo de religión organizada – no se puede asumir un catolicismo cultural. Por este motivo, se valora la certificación y los títulos profesionales de quienes han de dirigir y preparar a otros para la educación en la fe. Esto se extiende también a aquellos que trabajan y encabezan agencias de servicios sociales y de salud católicos, y a quienes ejercen cargos públicos, pues la doctrina social de la iglesia ha de resplandecer con claridad en ambientes frecuentemente adversos para contrarrestar las tendencias secularistas, materialistas e individualistas de esta sociedad, que a menudo oscurecen el sentido del bien común y de la dignidad humana, dejándolos tirados y maltrechos a un lado del camino.

La buena administración de los bienes temporales

Otro aspecto destacado, dada la mayor disponibilidad de recursos materiales, es la buena administración y la transparencia en el manejo de los bienes temporales. Es importante saber preparar presupuestos y leer hojas de balance, pero también rodearse de personas que saben de contabilidad y manejo de finanzas. En general, los fieles estadounidenses ponen más atención a este tema. Para los párrocos, establecer un consejo de finanzas es siempre una buena idea. Además, cuanta más transparencia e información haya sobre el progreso de los proyectos, mayor interés habrá para colaborar y atraer a posibles benefactores.

Esto me lleva a la importancia de promover la formación para la corresponsabilidad de tiempo, talento y tesoro (las tres Ts) en todas las comunidades. Especialmente, si uno ejerce liderazgo en comunidades multiculturales, no se puede asumir que todos los grupos lo entienden de la misma manera, o se sienten responsables de igual modo, o pueden aportar lo mismo. Hay que trabajar con cada comunidad para entender dónde están, sus posibilidades, y permitirles hacer las cosas a su modo mientras aprenden (y aprendemos todos) tanto las necesidades de la comunidad como las maneras de generar los recursos y el capital humano necesarios para afrontarlas juntos.

Por ejemplo, aun trabajando para la Iglesia desde que llegué a este país, me tomó casi siete años inscribirme voluntariamente en una parroquia.

¿La razón? De donde yo vengo el único momento en el que tu nombre aparece en un registro parroquial es cuando recibes los sacramentos de iniciación, cuando te casas y en el registro de difuntos. También les aseguro que nadie llevaba cuentas de si uno da limosna o de cuánto da. La noción del sobrecito semanal, o más recientemente de donar regularmente en línea, era algo completamente desconocido para mí. Solo hasta que entendí que esos donativos a organismos eclesiales podían deducirse de impuestos y que llevar cuenta de ellos me podía beneficiar para mostrar mi "buena ciudadanía" y mis contribuciones a la comunidad, es que decidí que era algo bueno y que estaba interesada en hacerlo.

Esta es una realidad que afecta mucho a la comunidad hispana en este país, y por extensión a la mayoría de las comunidades inmigrantes. Estos "beneficios" no existen en sus comunidades de origen, donde en muchos casos las contribuciones también se hacen "en especie", donando materiales, habilidades y conocimientos técnicos, o tiempo. Además, los hispanos somos más dados a apoyar proyectos específicos que a donar en abstracto. Si entendemos que el proyecto va en beneficio de la comunidad, nos organizaremos para recaudar los fondos necesarios. Debe, por tanto, realizarse un trabajo de educación y concienciación de los fieles para que entiendan que, desde la factura del agua y de la luz hasta el salario del padre, los gastos dependen de todos y cada uno de nosotros. Algunas personas locales se sorprenden de que no siempre haya esa conciencia. Pero cuando uno llega de lugares donde la parroquia o la escuela se nutren gracias los donativos que llegan a las misiones; donde ni la población ni la Iglesia cuentan con recursos materiales; o donde el salario de los sacerdotes tradicionalmente ha estado sostenido por el gobierno; o simplemente, donde todos excepto el párroco son voluntarios, entonces, la noción de lo que cuesta la gestión y apoyo de una parroquia es simplemente diferente.

Es importante entender que la férrea separación entre iglesia y estado en EE.UU. significa que el gobierno no puede subvencionar a ninguna confesión religiosa ni a sus ministros en el ejercicio de sus funciones religiosas. Es más, para mantener su estatus jurídico como organización religiosa sin ánimo de lucro y recibir ciertos beneficios, como la exención de ciertos impuestos, la Iglesia tiene que someterse a normas rigurosas que no le permiten, por ejemplo, apoyar abiertamente o criticar a candidatos para puestos públicos. Sí puede, sin embargo, hablar y abogar ante la autoridad pública sobre asuntos que considera de vital importancia ya sean de moral, justicia social y en pro del bien común.

Una crisis de credibilidad

Otro aspecto importante es que el escándalo de los abusos sexuales y de poder por parte de miembros del clero, que irrumpió hace más de dos décadas en este país con periódicos resurgimientos, ha mermado mucho la confianza de los fieles en sus pastores, sacerdotes e instituciones. Aunque no sea, ni mucho menos, un fenómeno exclusivamente católico, la Iglesia estadounidense ha hecho de la protección de menores y adultos vulnerables o con discapacidades una absoluta prioridad. Su *Estatuto para la Protección de Menores*, establecido a nivel nacional desde 2002, se ha convertido en un referente para otras instituciones cívicas y religiosas. Los requisitos de entrenamiento del personal y voluntarios para prevenir y detectar potenciales casos de abusos no tienen paralelo en instituciones privadas o públicas en este país. La referencia de acusaciones a la autoridad civil competente, si bien no siempre fue así, es ahora una norma establecida en todas las diócesis, con auditorias regulares para monitorear nuevas alegaciones. La Iglesia en este país toma muy en serio la adhesión a estas normas de prevención, vigilancia y reporte, y ha adoptado una política de "cero-tolerancia" que aplica a quienes operan y trabajan en instituciones y organizaciones eclesiales.

Secularización y desafiliación

A pesar de todos los esfuerzos, la secularización de las sociedades occidentales progresa a pasos agigantados. Crece el número de estadounidenses que afirman no tener creencias religiosas ni estar afiliados a religión alguna. La Iglesia católica también ha sido afectada por la desafiliación progresiva, especialmente de los jóvenes adultos. Algunos estudios demuestran que, aunque la primera generación de inmigrantes frecuentemente experimenta un aumento en la religiosidad al venir a los Estados Unidos, hay un significativo descenso en la segunda generación y las siguientes[3].

El católico estadounidense debe manejarse constantemente con cuidado en las aguas, unas veces bravas y otras cenagosas, del secularismo, individualismo y materialismo en que navega, pues a veces la cultura del país entra en choque con los valores evangélicos, y la enseñanza de la Iglesia es ahogada por otras voces más estridentes que siembran discordia y la suplantan con posiciones ideológicas y partidistas.

Puentes hacia el futuro

En este contexto histórico y sociocultural, el católico estadounidense de herencia hispana/latina está llamado a servir y a ejercer liderazgo, aportando desde sus propios dones y talentos, y siendo un puente hacia el futuro. Es de vital importancia identificar y formar líderes latinos para el servicio en la Iglesia y la sociedad. Aunque un 36 por ciento de los católicos estadounidenses actualmente se identifica como hispano/latino, sólo un 3 por ciento de los párrocos y uno de cada diez líderes laicos son hispanos/latinos. Por mucho tiempo se enfatizó la formación teológico-pastoral del pueblo hispano, pero no se invirtió suficientemente en el desarrollo de habilidades de gestión y administración pastoral, ni en mentorías/tutorías ministeriales para ayudarles a prosperar como líderes en esta Iglesia particular.[4] Salvo en contados casos, hasta muy recientemente, tampoco se hizo un esfuerzo serio por promover las vocaciones latinas nativas al sacerdocio y a la vida consagrada.

El V Encuentro demostró el compromiso de los líderes hispanos/latinos con la misión de la Iglesia, y su llamado a ejercer liderazgo en sus parroquias, diócesis y organizaciones. Abordar la falta de inversión en el desarrollo del liderazgo y la formación en la fe de los líderes hispanos/latinos fue una de las principales prioridades identificadas. Responder a esta necesidad se ha convertido en una cuestión crítica y urgente para la Iglesia en los Estados Unidos[5].

Es mi esperanza que programas como la Iniciativa de Líderes Pastorales Latinos de Leadership Roundtable, o el *V Encuentro Young Adult Hispanic Leadership Initiative* (VEYAHLI), así como otros que están surgiendo, ayuden a subsanar este vacío y a cerrar esta brecha. Aprovechar estas oportunidades y recursos permitirá a diócesis y organizaciones reconocer los dones y talentos que los hispanos/latinos aportan a la Iglesia y ayudará a prepararlos mejor para que prosperen en sus vocaciones eclesiales. Todo ello redundará en el bienestar y la buena gestión de las congregaciones, instituciones y ministerios en los cuales cada vez más latinos ejercen su servicio a la Iglesia.

Notas finales

1. De varias parroquias se forma una sola, bajo un solo párroco. En algunos casos varios de los edificios se cerrarán y pueden ser vendidos o dedicados a un uso diferente, juntando las misas y los servicios parroquiales en un solo lugar, y en otros, varias iglesias seguirán abiertas y sirviendo a congregaciones diferentes, pero coordinadas desde una parroquia central.

2. USCCB, *Síntesis Nacional del Pueblo de Dios en los Estados Unidos de América para la Fase Diocesana del Sínodo 2021-2023*, Washington DC, septiembre 2018.

3. Ver Paul Perl, Jennifer Z. Greely, y Mark M. Gray, "How Many Hispanics Are Catholic? A Review of Survey Data" (Washington, DC: CARA, 2004).

4. Leadership Roundtable, *LÍDERES PASTORALES LATINOS Informe de Impacto* 2021.

5. Idem, ver págs. 13-14.

2

Desarrollando una Visión

Dominic Perri

Proverbios 29 nos dice: "Cuando no hay visiones, el pueblo se relaja" (v. 18, versión Biblia de Jerusalén). Yo no diría que la mayoría de las parroquias de hoy están al borde de la extinción. Sin embargo, lo que sí sugeriría es que tienen hambre de visión. ¿A qué me refiero exactamente con visión y cómo se diferencia de misión? Si tú mismo te has hecho esa pregunta y no encuentras una respuesta, no estás solo. Escucho esto todo el tiempo.

Muy simple: tu misión es una declaración de identidad. Es lo que eres como parroquia o cualquier otro tipo de ministerio. Somos, por ejemplo, la Parroquia de Santa María; existimos para predicar y enseñar los sacramentos, y para llevar el evangelio a las personas de nuestra comunidad. Como declaración de identidad, esto generalmente no cambia, ni debería cambiar, al menos durante décadas. Relacionando esto con el mundo con fines de lucro, toma, por ejemplo, una empresa como Nike. Siempre va a ser un vendedor de zapatos y un proveedor de artículos deportivos; eso no va a cambiar de un año a otro. Es una declaración fundamental de la identidad corporativa.

La visión, por otro lado, es hacia dónde quieres ir en el futuro. Es la capacidad de decir, "Estamos en el punto A y queremos llegar al punto B". Es a dónde estás tratando de guiar a la gente. La visión es lo que yo llamo un *futuro deseado*. Para personalizar esto un poco, les cuento que soy hijo de inmigrantes italianos que vivieron y crecieron en Louisville, Kentucky. Esa es mi identidad, no puedo cambiar eso. Pero mi visión de a dónde quería ir ha cambiado a lo largo de mi vida. Estaba decidido a ir a la universidad, así que me matriculé en la Catholic University of America. Después de graduarme, quería dejar mi huella en el lugar de trabajo; luego casarme y formar una familia. Mi visión implicaba establecer metas para mí mismo, avanzar hacia ellas, y establecer nuevas metas. A diferencia de la misión, tu visión cambia con el tiempo.

¿Cuántos párrocos se han encontrado con personas que se acercan y preguntan, "¿Cuál es tu visión para la parroquia?" Como párrocos, su visión es guiar a su gente. Pero ¿a dónde quieren llevarlos? Ahí es donde la visión es crucial. Los fieles básicamente preguntan: "¿A dónde te ves llevándonos?" Parece muy simple: comenzamos en el punto A y vamos al punto B. Eso es la visión, lo que es liderar.

Pero no es tan simple como parece. Cualquiera que haya sido parte de la redacción de una declaración de visión para una organización sabe de lo que estoy hablando. Con demasiada frecuencia, lo que ultimadamente se produce se clava en la pared como la Declaración de Independencia; se ve muy bonito, pero ese es, esencialmente, el fin de la historia. El proceso es frecuentemente difícil, trabajoso y arduo, y la parte más delicada es después, cuando la gente dice: "No sé qué sacamos de esto. No sé cómo cambió nuestra organización". Por tanto, en lo que realmente quiero enfocarme es en ayudarte a pensar y crear una visión que te permita llevar tu parroquia a donde quieres que esté. Y, con suerte, sin el dolor y la frustración que, estoy seguro, han experimentado muchos párrocos.

Saber qué camino tomar

¿Por qué es tan importante la visión? No hay mejor instructor aquí que Lewis Carroll, quien, en *Alicia en el País de las Maravillas*, describe una escena en la que Alicia se encuentra con el Gato de Cheshire. Como muchos de ustedes recordarán, Alicia pide indicaciones: "¿Me podría decir, por favor, en qué dirección debo ir desde aquí?" El gato Cheshire responde: "Eso depende en gran medida de a dónde quieras llegar". Cuando Alicia dice que en realidad no sabe a dónde quiere ir, el gato célebremente responde: "Entonces no importa en qué dirección vayas".[1]

El mensaje es claro: si no sabes a dónde quieres ir, te vas a la deriva. Y como he visto en mis experiencias con las parroquias de todo el país, muchas de ellas están en diversas etapas de deriva. Están en estado de mantenimiento. Esto se parece a pisar sobre agua. Y esto, desafortunadamente, conduce a un cierto vacío de liderazgo y visión. Entonces, cuando personas bien intencionadas en la parroquia se presenten con una gran y brillante idea, el sentimiento es que tal vez deberíamos seguirlas. Como no sabemos a dónde vamos, cualquier camino nos llevará allí. Es el polo opuesto de tener una visión, que te permite decir: "Aquí es a donde vamos. . . o no vamos." Con respecto a esto último, podría ser un gran programa. Puede haber funcionado bien en otra parroquia. Tú puedes estar muy emocionado por eso. Pero con la visión como guía, también podrías darte cuenta de si no fuese apropiado para tu parroquia. Sin embargo, lo que es igualmente importante es que te permite reenfocarte, moverte con decisión en una nueva dirección.

Para darle otra perspectiva: George Wilson, un amigo y mentor mío, es un jesuita que realizó trabajos de desarrollo organizativo con grupos de iglesia durante más de treinta años. Ha declarado que muchas organizaciones de la iglesia no tienen un problema de recursos; lo que tienen es un problema de *visión*. No es ningún secreto que muchas parroquias y organizaciones católicas dedican mucho tiempo a lamentar lo escasos que están de fondos, y lo difícil que es atraer a personas competentes a sus filas. Pero ese no es el final de la discusión. Creo que tenemos que hacernos una pregunta muy fundamental: ¿Estamos lanzando un producto con una visión lo suficientemente convincente como para atraer personas y recursos? Al final, la gente quiere ser parte de algo que va a alguna parte, y si parece que solo estamos flotando en el agua, que estamos en modo de mantenimiento perpetuo, entonces se alejarán de la iglesia en masa.

¿Cuál, entonces, debe ser nuestra visión? ¿Cómo hacemos que la gente se entusiasme con nuestro "producto"? Nuestra elevada visión para nuestra parroquia es, típicamente, atraer todas las almas a Jesús. El problema es que eso no necesariamente te indica dónde quieres estar mañana, el próximo mes o año. En otras palabras, no brinda una visión – un futuro deseado – que pueda ayudarte a planificar y tomar decisiones para tu parroquia.

Puede ayudar un ejemplo tomado del mundo secular. Piensa en los directores de cine. Deben tener una idea muy clara de cómo se verá el producto final, incluso si aún no se ha creado todavía. Tienen un *futuro deseado*; este es el tipo de producto que queremos. Piensa en ti mismo como director de una película. Pueden estar filmando siete escenas en tres ciudades, digamos Los Ángeles, Chicago y Newark. Pero si las escenas números uno y cinco se filman en Los Ángeles, no van a Los Ángeles para la escena uno, luego a las otras ciudades para las escenas dos, tres y cuatro, solo para regresar a Los Ángeles para la escena cinco. Eso no tendría ningún sentido. Filman, por tanto, las escenas uno y cinco en Los Ángeles, de una sola vez. La cosa es que los directores deben tener en cuenta cómo se verá el producto final para lograr ese tipo de ejercicio logístico. Dado que no está sucediendo en secuencia, necesitan ver el panorama general a través de los componentes más pequeños en cada ciudad. De hecho, si escuchas entrevistas con directores, invariablemente dirán: "Sabía lo que tenía que incluir cada escena, porque tenía la idea más amplia de cómo todas encajarían al final".

La pregunta que planteo a los párrocos y líderes en las parroquias es la siguiente: ¿Tienen una visión de cómo quieren que sea su parroquia en tres años? ¿Pueden ver las partes más pequeñas de ese mosaico en este momento y decir, "Tienen que ser así porque así es como se verá el producto final"? Esa es la idea de la visión. Esa es la idea del futuro deseado.

Otro ejemplo del mundo secular es Apple. Cuando se fundó la empresa fabricante de computadoras, su visión era poner las computadoras en manos de la gente común, para que los dispositivos fueran asequibles para todos los hogares. Y la compañía tuvo un éxito más allá que el de sus sueños más locos. Tenía una visión de dónde quería estar. Su líder icónico, Steve Jobs, reafirmó la idea. Después de iniciar la empresa, se fue y regresó cuando ésta estaba a punto de hundirse a mediados de los noventa. En ese momento, Apple tenía aproximadamente ochenta y cinco productos en su repertorio. Jobs dibujó una matriz de dos por dos y dijo: "Vamos a tener cuatro productos: una computadora de escritorio para el hogar, una computadora de escritorio para la empresa, una computadora portátil para el hogar y una computadora portátil para la empresa. Nos deshacemos de todo lo demás". Como era de esperar, eso produjo ondas de conmoción a través de la organización. Pero ese fue el punto en el que Apple comenzó a cambiar y a convertirse en el gigante que es hoy. Jobs tenía una visión muy clara sobre hacia dónde quería llevar a la compañía, dentro de un marco de tiempo determinado. Vio el futuro que quería. Y esa es una poderosa lección para la Iglesia también.

Cómo puede cambiar una visión

Déjame darte un ejemplo más cercano. Mi propia parroquia, la antigua Parroquia de San Patricio en el centro de Chicago, se remonta a la década de 1850. A principios de la década de 1980, estaba a punto de cerrar, víctima de la construcción del sistema de carreteras interestatales que deshizo los vecindarios y obligó a los residentes a trasladarse. Cuando el P. Jack Wall asumió su función como párroco en 1983, solo quedaban cuatro miembros en toda la parroquia.

Eso podría haber sonado como la sentencia de muerte para la mayoría de las organizaciones, pero Jack llegó y dijo: "Tengo una visión para esta parroquia. Pero no será como la mayoría de las parroquias que se enfocan en atraer familias y niños. Después de todo, estamos en el centro de Chicago, donde en realidad no reside nadie. Así que vamos a convertirnos en un lugar para jóvenes adultos. El centro de Chicago está repleto de jóvenes profesionales, católicos solteros, que vienen a la ciudad todos los días; podemos atenderlos de muchas maneras—con programas durante la hora del almuerzo y programas después del trabajo. Podemos adaptar los programas a ellos, porque ahora van a parroquias en los suburbios, que se enfocan en las familias, y eso no es lo que son ellos".

Jack tenía una visión audaz, un futuro deseado para su parroquia. En algunos casos, eso significaba decirle a la gente: "No vamos a hacer esto porque no promueve nuestra visión". Y en poco tiempo, empezaron a suceder cosas asombrosas. Los jóvenes adultos acudían allí. Una de las razones fue que la antigua San Patricio ofrecía una fiesta de cuadra los sábados por la noche, donde la gente podía venir a comer, escuchar bandas musicales y socializar. Debo señalar que estas fiestas de cuadra recaudaban dinero para el programa de servicio social de la parroquia, por lo que estaban conectadas con la misión. Curiosamente, lo que también sucedió en esas fiestas de cuadra fue que muchos jóvenes profesionales católicos solteros comenzaron a conocerse, a casarse y a tener familias.

Para 1989, cuando oleadas de parroquias católicas estaban cerrando sus escuelas, la antigua San Patricio acababa de abrir la suya. Hoy, atiende a las necesidades de cuatro mil familias inscritas de más de sesenta códigos postales. Jack le dirá que muchas personas en esos primeros años se acercaron a él y le dijeron: "¿Cómo puedes no tener X, Y, Z, la forma estándar en que una parroquia sirve a las familias?" Su respuesta era simple y directa: "Ese no es el futuro al que estamos tratando de llegar".

No hay duda de que tu visión cambiará. Cambió para Apple y para la antigua San Patricio, una vez que comenzaron a crecer y descubrieron que tenían necesidades diferentes. Sin embargo, esto comienza mirando a tu alrededor y preguntándote: "¿Dónde estamos ahora, y qué experimentará de manera diferente alguien que asista a la misa dominical en nuestra parroquia dentro de tres años?" ¿Eres capaz de pintar ese cuadro o esa imagen? ¿Puedes hablar sobre el futuro deseado como el cumplimiento de lo que tú deseas que llegue a ser tu parroquia?

La visión proporciona enfoque para ese futuro deseado. Y lo bueno es que los dones y los recursos a menudo siguen su estela. Basta con mirar la antigua San Patricio. Cada año, su fiesta de cuadra anual – que ahora se lleva a cabo los viernes *y* sábados por la noche – atrae a miles de jóvenes y recauda varios cientos de miles de dólares anuales. Estas contribuciones se utilizan para financiar los programas de servicio social de la iglesia. No estoy sugiriendo que llegues a la conclusión, "Oh, Dios mío, ¿¡cómo se me ocurre algo así!?" Lo que propongo es que cuando tu visión, tu futuro deseado, sea lo suficientemente convincente, las personas y los recursos llegarán inevitablemente.

Trazando tu rumbo como parroquia

Una visión clara también te permite decir *no* a ciertas cosas. Y eso es absolutamente crucial. En tu vida como párroco, ¿cuántas veces se te han acercado personas y te han dicho: "Padre, ¿tengo una gran idea para nuestra parroquia"? O, "Acabo de regresar de este retiro y fui testigo de un programa que debemos tener de inmediato". ¿Cuál es la vara para medir lo que te permite decir sí o no a cada idea bien intencionada? ¿Es la cantidad de energía que tienes en el momento, o si te encontraron, o no, en el momento adecuado del día? Absolutamente no. Es tener una ventana hacia el futuro, y poder decirle entonces al miembro de tu parroquia: "Aprecio su idea, pero no se alinea del todo con dónde queremos que esté la parroquia dentro de otros tres años." Esto debe ser tu vara de medir.

Por supuesto, determinar cómo deseas que llegue a ser tu parroquia no es una tarea fácil. Significa dedicar un tiempo considerable a pensar en las necesidades de las personas que te rodean. ¿Qué es lo que nos hace únicos como parroquia? ¿Cuál es nuestra historia? ¿Cómo está cambiando la comunidad? Establecer una dirección para el futuro significa escuchar: al personal, especialmente a aquellos que han estado allí por más tiempo, al consejo parroquial, a los feligreses y a la comunidad en general. Necesitas, también, estudiar los datos demográficos. Pueden demostrar, por ejemplo, que te encuentras en un área donde los hispanos son el segmento de la población de más rápido crecimiento, lo que te lleva a decir: "Necesitamos convertirnos en una parroquia 100 por ciento bicultural, de inglés-español. Ese es nuestro futuro deseado". Entonces, ¿qué experimentará la gente cuando venga a nuestra parroquia dentro de otros tres años? Bien, verán cómo hemos logrado integrar sin problemas las dos culturas. Habrá liturgias bilingües, boletines en inglés y español, y actividades comunitarias activas. Y para llegar a esa meta, vamos a empezar ahora mismo a construir una conciencia intercultural a través de eventos, programas y viajes. Así es como planeamos hacer realidad nuestra visión.

He aquí otro ejemplo de lo que quiero decir con visión. En el transcurso de escuchar y hablar con los demás, es posible ver que exista el anhelo de conocer una expresión más completa acerca de las enseñanzas católicas sobre la justicia social. Por lo tanto, tu visión podría ser transmitir ese tema a través de la predicación parroquial, visitas a comedores populares locales, o a través de grupos para compartir la fe, donde los miembros reflexionan sobre cómo incorporar la Doctrina Social de la Iglesia en su vida cotidiana. Ese es el tipo de experiencia que quizás desees crear para los feligreses, y tu visión es el vehículo que los llevará allí.

Siempre habrá gente que diga: "No, no, padre. No creo que debamos hacerlo de esa manera". Y no hay nada que te impida decirles: "Estas son mis ideas iniciales. Ahora llevémoslas al consejo parroquial para recabar su punto de vista". Tú puedes, y debes, consultar con otros. En la antigua San Patricio, por ejemplo, llevamos a cabo una asamblea de día y medio, en la que juntamos a setenta y cinco líderes parroquiales para recibir comentarios, sugerencias y opiniones. Sin embargo, tú eres el líder de la parroquia y, a fin de cuentas, puedes decir: "Según lo que he visto y escuchado, esta es la dirección en la que debemos avanzar. Aquí es donde nos está llamando el Espíritu Santo. Emprendamos juntos esta visión".

Respuesta de una iglesia

La Iglesia de la Natividad, una parroquia en la ciudad de Timonium, Maryland, desarrolló una visión muy distinta de su futuro deseado. Los miembros miraron a su alrededor y se dieron cuenta de que estaban en un tranquilo suburbio del norte de Baltimore, donde la iglesia realmente no importaba en la vida de muchas personas. Entonces, comenzaron a hacerse algunas preguntas claves: ¿Qué experiencia queremos que tenga la gente cuando venga aquí el fin de semana? ¿Cómo transformamos esa experiencia personal de simplemente sentarnos en un banco por cuarenta y cinco minutos, a convertirnos realmente en discípulos—involucrarnos en un ministerio, unirnos a un pequeño grupo de diálogo o desempeñar un papel en el servicio y apoyo a la comunidad? Y, si nos convertimos en una iglesia llena de discípulos, ¿qué actividades debe haber durante la semana?

Como los miembros detallaron y eventualmente escribieron su experiencia en un libro, llamado *Rebuilt* (*Reconstruido,* en español), decidieron centrarse en crear una experiencia de fin de semana dinámica e irresistible. Incluía programas para niños y estudiantes, mucha música y mensajes significativos elaborados por los ministros de la iglesia. En otras palabras, crearon el tipo de entorno atractivo y enérgico que pudiera animar a los recién llegados a integrarse, y a los miembros habituales a hacerse aún más activos. Sin embargo, para llegar a ese nivel, se dieron cuenta de que realmente tendrían una gran labor, planeando el programa y los eventos para cada sábado y domingo con semanas, o incluso meses, de anticipación. Tendrían que repasar las Escrituras y decidir en qué lecciones o temas profundizar. Y tendrían que integrarlos cuidadosamente con la música y la hospitalidad del fin de semana.

En el transcurso de dar un sí a aquellas ideas que harían avanzar su visión, la parroquia también tuvo la previsión – y la fuerza – para rechazar las ideas que no lo harían. El bingo fue una de esas ideas. También lo fueron CYO (Catholic Youth Organization, en inglés u Organización Católica Juvenil, en español) y los deportes. Y a aquellas personas que se opusieron o se quejaron de sus elecciones, los líderes parroquiales les sugirieron, amablemente, que Timonium no era, quizás, el lugar adecuado para ellos, y los orientaron hacia otra parte.

La visión requiere tiempo y paciencia

¿Cómo saber cuándo se ha llegado a una visión que realmente puede llenar de energía tu parroquia? Aquí hay una simple vara para medirlo: cuando compartes tu visión con las personas y se entusiasman con ella. Cuando dicen: "Queremos ser parte de eso" o "Esto es algo en que podemos involucrarnos".

Ten en cuenta que desarrollar la visión correcta para tu parroquia puede tomar algún tiempo. Si deseas un proyecto completamente formado que llene a los líderes de un fuego inextinguible, algo que realmente inspire a las personas, debe ser parte de un proceso deliberativo, reflexivo y sin prisas. Debe implicar un constante ir y venir con quienes te rodean. En el curso de esa conversación, puedes aprender, por ejemplo, que existe un deseo perceptible de convertirse en una parroquia que viva y respire el mensaje del papa Francisco. O convertirse en una parroquia donde los jóvenes se sientan especialmente acogidos. O una parroquia donde *todas* las generaciones se sientan bienvenidas. Entonces, la pregunta central se convierte en: ¿Qué debemos hacer, o dejar de hacer, para llegar allí?

Lo más importante es que no te desanimes ni te desvíes al embarcarte en este camino oportuno. Como líder de tu congregación, continúa reflexionando y orando al respecto mientras provocas una animada discusión con los fieles. Mantente enfocado y comprometido. Solo entonces surgirá una visión colectiva, junto con la energía para llevar a tu parroquia en una nueva dirección audaz y emocionante, un futuro deseado.

Parafraseando a Proverbios 29, donde *hay* una visión, ¡el pueblo florece!

Nota final

1. Lewis Carroll, *Alice in Wonderland* (Nueva York: Scholastic, 2001), 74.

3
Liderazgo de Servicio

Jeffry Odell Korgen y Rev. César Izquierdo

Imagínate que eres uno de los apóstoles de Cristo, que compartes la cena Pascual con Jesús antes de la Pasión. Sientes la emoción en el ambiente, pero también la tensión. Durante la cena, Jesús se levanta de la mesa, se quita la túnica y ata una toalla a su cintura. Pone agua en una vasija y empieza a lavarles los pies a sus apóstoles. ¿Qué sientes cuando llega a ti? Tu Maestro se arrodilla ante ti, lavando tus pies empolvados.

Cuando Jesús se acerca a Simón Pedro, Pedro le pregunta "Señor, ¿tú vas a lavarme los pies?" Jesús responde, "Lo que yo hago, tú no lo entiendes ahora: lo comprenderás más tarde." Pedro le responde, "No me lavarás los pies jamás." Pero Jesús no le hace caso: "Si no te lavo, no tienes parte conmigo," y añade después, ¿"Comprenden lo que he hecho con ustedes? Ustedes me llaman 'Maestro' y 'Señor', y dicen bien, porque lo soy. Pues si yo, Señor y Maestro, les he lavado los pies, ustedes también deberán lavarse los pies unos a otros. Porque les he dado ejemplo, para que también ustedes hagan como yo he hecho con ustedes" (Juan 13,1-15).

Jesús ha hablado así antes. Recuerda: "Si uno quiere ser el primero, sea el último de todos y el servidor de todos" (Marcos 9,35). "El más importante entre ustedes sea . . . el que sirve" (Lucas 22,26). Ahora te das cuenta de que Cristo te enseñó a dirigir a su Iglesia por medio de esta acción sencilla de lavar los pies.

Las respuestas a nuestras más profundas preguntas sobre el liderazgo de la Iglesia están en esta meditación. En las páginas siguientes, desglosaremos cómo el modelo de liderazgo de servicio (o liderazgo servidor) te ayudará a convertirte en un mejor líder eclesial, uno que guía como Jesús, un líder-siervo. Iluminaremos los comportamientos específicos que te ayudarán a ser un mejor líder-siervo y un discípulo de Cristo más fuerte. Aunque hemos basado este modelo de liderazgo de servicio en la enseñanza y ejemplo de Cristo, también nos apoyamos en las Escrituras hebreas y la vida de los santos. Ejemplos de la vida parroquial también ayudarán a ilustrar los comportamientos de un líder-siervo.

¿Qué es un líder-siervo?

El líder servidor católico es motivado por el deseo de servir y promover a otros discípulos de Cristo para juntos cumplir la misión de la Iglesia. Siguiendo el pensamiento de académicos católicos como Dan Ebener y autores seculares como Robert Greenleaf, creemos que los líderes-siervos católicos comparten las siguientes siete cualidades claves:

1. Utilizan enfoques relacionales para la invitación,
2. Cultivan la espiritualidad,
3. Muestran preocupación por los miembros del equipo pastoral,
4. Practican el empoderamiento de otros,
5. Demuestran humildad,
6. Dan ejemplo de, o modelan, un discipulado visionario, y
7. Adoptan la opción preferencial por los pobres.

En las siguientes secciones exploramos los comportamientos específicos de los líderes-siervos que ilustran estas cualidades.

El líder-siervo utiliza enfoques relacionales para la invitación

Piénsalo. ¿Construyó Jesús su movimiento poniendo anuncios en el Boletín del Pescador? ¡Claro que no! Tampoco lo hace un líder-siervo. Los líderes siervos hacen que crezca la Iglesia liderando como Jesús, comiendo y bebiendo con los pecadores, conociendo sus sueños, habilidades y temores. Cristo invita a los pecadores hacia el discipulado, llamándolos: "Sígueme" y "Vengan y vean". En la parroquia, el líder servidor no depende de los anuncios del púlpito o del boletín de la parroquia para atraer discípulos.

Dirige como Jesús, compartiendo en fraternidad con el pueblo de Dios y escuchándolo. Una vez que capta las habilidades, sueños y capacidades de miembros potenciales para el equipo, los líderes-siervos los invitan a participar en ministerios específicos.

Como nuevo animador de pastoral juvenil en el "Cinturón Bíblico" (*Bible Belt*) del suroeste de Missouri, yo (Jeff), llevé a cabo sesiones de escucha con mi grupo juvenil. Me sorprendieron con la queja: "¡Nuestros amigos nos dicen que en la Biblia dice que iremos al infierno porque somos católicos!" ¡Queremos aprender más sobre las Escrituras para defendernos!" Pensando en una respuesta, se me vino a la mente una pareja sin hijos de la parroquia que era muy activa en el Estudio Bíblico de Little Rock. Había percibido que querían estar en contacto con jóvenes y era evidente que tenían un gran amor por la Palabra de Dios. Así que los invité a guiar una sesión de estudio bíblico para jóvenes. No estaba tratando de "llenar un espacio". Uní dos necesidades de crecimiento espiritual—el deseo de los adolescentes de aprender más sobre la Biblia y el deseo de la pareja de alcanzar un nuevo nivel en su propio estudio de las Escrituras. Su deseo tácito de conectar con los jóvenes hizo que fuera una combinación perfecta—¡y así fue!

Esta dimensión del liderazgo de servicio empieza "bebiendo y comiendo con los pecadores", (aunque el comer y beber es opcional). Simplemente puedes organizar una reunión de media hora para conocer los intereses, las pasiones, las habilidades y relaciones de un discípulo. Con el paso del tiempo, empezarás a discernir qué parte del cuerpo de Cristo es esta persona o puede llegar a ser. La invitación a un ministerio, el asignar roles específicos o proporcionar capacitación para ayudarles a crecer a partir de sus experiencias ministeriales serán los siguientes pasos a seguir. Ayudar a las personas a aprender de sus éxitos y fracasos en el ministerio es también parte esencial para un liderazgo de servicio auténtico y efectivo.

El líder-siervo cultiva la espiritualidad

Los líderes-siervos saben que todo lo que logran en el ministerio viene de Dios y se empeñan en cultivar tanto su propia espiritualidad como la de su equipo parroquial y la de los voluntarios. Desarrollan una comprensión madura de Dios y utilizan la ética cristiana para tomar decisiones. Cuando surgen conflictos, los resuelven de manera coherente con el discipulado cristiano. Las situaciones que no permiten respuestas fáciles evocan escucha, oración y discernimiento.

El líder-siervo también ayuda a su equipo a cimentar su ministerio en la espiritualidad. Muchos de nosotros hemos sido voluntarios o hemos trabajado en una parroquia donde el espíritu de "hacer las cosas" ha sustituido al cimentarse en el Espíritu Santo. Pero piensa en todas las veces que salió Jesús a orar, dejando atrás los ministerios de la enseñanza y sanación—hasta por 40 días (por ejemplo, Lucas 4,1-15; 5,16; 6,12-13; 22,39-44). Convertirse en un líder-siervo no es algo que hay que hacer; es algo que hay que querer ser. Cultivar una espiritualidad cristiana sólida es esencial para construir esa identidad.

Se dice que no podemos dar lo que no tenemos. Yo (padre César) me he dado cuenta de esto como sacerdote recién ordenado asignado a una parroquia que lleva a cabo actividades y eventos 24 horas al día los 7 días de la semana. Frente a una actitud predominante de "hacer las cosas" aprendimos a incorporar la oración e integrarla a nuestra vida parroquial cotidiana. Si entendemos que todos nuestros ministerios están interconectados con la Eucaristía "la fuente y culmen de la Vida Cristiana" (CIC 1324), debemos orientar todos nuestros esfuerzos a hacer eso una realidad en nuestras vidas.

Para nosotros, la Liturgia de las Horas ha propiciado la oración tanto para el equipo pastoral como para los voluntarios. Estos momentos de oración, ya sea que se lleven a cabo en la iglesia, la oficina parroquial o en la escuela, han hecho una enorme diferencia. Nos hemos comprometido a rezar Laudes con los maestros antes de que empiecen las clases, a orar el Oficio de Lecturas con los diáconos antes de la misa matutina, y a tener la Hora Intermedia con el equipo pastoral antes del almuerzo. Que la oración sea parte integral de nuestros ministerios nos ha dado a todos la actitud y capacidad para enfrentar los conflictos de una manera cristiana. Las situaciones que no tienen respuestas fáciles requieren escucha, oración y discernimiento. Cuando estamos en comunión los unos con los otros a través de la oración, todos crecemos y encontramos el verdadero significado de nuestros ministerios.

El líder-servidor se preocupa por el bienestar de los miembros del equipo

En su ensayo innovador "El Servidor como Líder," Robert K. Greenleaf compartió los resultados de su investigación sobre estilos de gestión eficaces: los líderes con más éxito, ya sea en dirección de empresas, instituciones no lucrativas o instituciones académicas, eran líderes-siervos. Uno de los resultados del liderazgo de servicio más comunes que observó fue el de empleados más sanos. Encontramos esta cualidad en los Evangelios, cuando Jesús forma a los discípulos—especialmente a los Doce. A veces anima; a veces corrige. A veces propone retos que son ignorados; en otros momentos, la gente deja lo que está haciendo y le sigue. Cuando sus seguidores y sus familias se enferman, Jesús los cura, e incluso resucita a Lázaro. Los discípulos cobran vida a través del encuentro con Cristo resucitado: "el corazón les arde por dentro".

Entre los líderes parroquiales, los problemas de salud física, mental y espiritual a menudo son manifestación de estrés. ¿Te suena familiar? Muchos de nosotros nos echamos encima demasiada presión para controlar cada aspecto de nuestro trabajo. A veces no confiamos que otras personas tomen cargos significativos e importantes. Yo (Jeff) una vez capacité a una directora parroquial del Ministerio Hispano llamada Yazmin que reconoció en ella esta tendencia. Su necesidad de hacerlo todo en este ministerio tan amplio estaba afectando su ánimo y salud. Estaba llegando al punto del agotamiento.

Moisés también tenía este problema. Después de que los hebreos escaparon de la esclavitud, durante el largo camino a la Tierra Prometida, estallaron conflictos entre ellos. Moisés mismo resolvía cada conflicto enseñándoles "los preceptos de Dios y sus leyes" (Éxodo 18,16). Su suegro, Jetró, observaba a Moisés trabajando y lo llevó aparte explicándole, "No está bien lo que estás haciendo. Acabarás agotándote, tú y este pueblo que está contigo; porque este trabajo es superior a tus fuerzas; no podrás hacerlo tú solo" (Éxodo 18,18). Jetró le ofreció una alternativa: nombrar a jueces, "hombres que teman a Dios, hombres íntegros y que no se dejen sobornar" (Éxodo 18,21) para que resolvieran los casos menores y le dejaran a Moisés los casos más importantes. Moisés siguió el consejo de Jetró y se convirtió en un mejor líder.

Nos encanta la observación de Jetró: "Acabarán agotándose, tú y este pueblo que está contigo". Me hace pensar en Yazmin. Por supuesto que estaba preocupado por su salud, pero también por la salud de los líderes voluntarios de su equipo ministerial. ¡También estaban "agotados" por su estilo de liderazgo! Nuestra formación empezó a enfocarse no solo en las enseñanzas de Moisés y Jetró, sino también en Jesús como un líder que forma a líderes. Hablamos sobre cómo podría escoger a líderes adecuados para capacitarlos, entender sus niveles de estrés y ayudarles a saber manejar situaciones difíciles. Seguiría al tanto de su salud espiritual y asistiría a sus voluntarios para lograr un equilibrio entre su vida y ministerio—todos ellos comportamientos del líder-siervo.

A medida que Yazmin consideraba las posibilidades, su cuerpo entero empezó a cambiar. Creció de estatura ante mis ojos, sus hombros ya no estaban caídos, y su rostro estaba radiante. "¡Lo puedo hacer!" dijo ella. Y lo hizo, abriendo un nuevo capítulo de liderazgo en su vida, muy parecido al de Moisés.

Prácticas de empoderamiento y capacitación del líder-siervo

Pero el camino de Yazmin no terminó ahí. Los líderes-siervos no sólo delegan, sino que comparten el poder y la toma de decisiones con los demás en sus equipos de ministerio. Ellos asignan tareas importantes a otros miembros de los equipos, no sólo actividades que prefieren no hacer ellos mismos. Al igual que Jesús, los líderes siervos construyen relaciones significativas a través de las cuales descubren tanto las capacidades de los miembros de sus equipos, como la forma en que pueden desafiarlos a desarrollar su potencial como líderes.

Jesús utilizó estas habilidades cuando seleccionó y formó a los Doce. Cuando creó este grupo especial de liderazgo de hombres dentro de su movimiento más amplio, no preguntó: "¿Hay algún voluntario?" No; Cristo llamó a cada uno de los apóstoles por su nombre (Lucas 6,12-16). En las parroquias, los líderes siervos hacen lo mismo, utilizando sus habilidades de relación para profundizar—para entender las motivaciones e intereses de cada líder parroquial. Al hacer esto, invitan a las personas adecuadas a ocupar posiciones de liderazgo.

La fundadora del Movimiento del Trabajador Católico (*The Catholic Worker Movement* en inglés) y en camino de canonización, Dorothy Day, practicó el empoderamiento entre los líderes de su movimiento. A principios de los 70's invitó a Robert Ellsberg, un joven de 19 años que abandonó la universidad para ser editor administrativo del histórico periódico *Catholic Worker*. Day se tomó el tiempo para conocer al joven, saber de lo que era capaz, y qué tipo de retos podría enfrentar. El joven aceptó el trabajo y continuó en él hasta la muerte de Day y a su regreso a la educación superior. Ahora él es el editor y redactor en jefe de *Orbis Books*, la rama editora de los Padres y Hermanos de Maryknoll. ¿Cómo supo Day que estaba conociendo a una futura estrella de las publicaciones católicas? Dirigiendo como Jesús, haciéndole muchas preguntas durante las comidas. Éste era su proceso para identificar líderes dentro de *The Catholic Worker*, descubriendo su potencialidad y asignándoles responsabilidades en base a la evidencia de los puntos fuertes particulares de cada persona.

Dentro del contexto de la parroquia, los líderes-siervos también empoderan a otros creando una cultura en la cual la gente no tiene temor de cometer errores. Si todos tienen temor de decepcionar al padre – o a quien coordine un ministerio – no manifestarán la creatividad necesaria para llevar el ministerio al siguiente nivel. Los líderes siervos son magnánimos con los miembros de su equipo que se equivocan, manejando los errores y fracasos como oportunidades de aprendizaje. Yo (Jeff) utilicé este enfoque como ministro de los jóvenes en la parroquia, convocando equipos coordinadores, tanto de líderes jóvenes como de adultos, para determinar "qué salió bien" y "qué pudo haber salido mejor" después de cada reunión o evento. Al crear una cultura en la que los errores y fracasos se esperaban y se veían como oportunidades de aprendizaje, estos se convierten en experiencias positivas para el equipo pastoral. El que el grupo trate de los errores de los líderes del equipo también promueve franqueza. ¡Créanme, yo aporté mucho material para que mi equipo de pastoral juvenil lo estudiara y comentara!

Un líder-servidor demuestra humildad

La cualidad de la humildad está relacionada con el empoderamiento o la capacitación. Un líder-siervo tiene un agudo sentido de que no es Dios—que es servidor de la Misión de Cristo y su Iglesia. Jesús trata de enseñar este mensaje a los discípulos a lo largo de todos los Evangelios, sobre todo en su reprimenda a Santiago y Juan (¿o era para su madre?) de sentarse a su izquierda y a su derecha cuando llegara a su gloria. Los Hijos del Trueno le hacen esta petición en Marcos 10 (su madre hace lo mismo en Mateo 20), decepcionando a Jesús y provocando una discusión entre los otros diez apóstoles.

Entonces Jesús llama a los Doce y les dice, "Ustedes saben que los que son tenidos como jefes de las naciones, las dominan como señores absolutos y sus grandes las oprimen con su poder. Pero no ha de ser así entre ustedes, sino que el que quiera llegar a ser grande entre ustedes, será su servidor"

(Marcos 10, 42-43). En el Evangelio de Mateo, afirma, "Yo les aseguro: si no cambian y se hacen como los niños, no entrarán en el Reino de los Cielos" (Mateo 18,3). Los niños estaban entre la gente más vulnerable en la sociedad de la época. Convertirse tan sencillo como un niño era muy arriesgado.

Esta mentalidad está en el corazón de la práctica de la humildad del líder siervo. Los líderes-siervos no dejan que el poder se les suba a la cabeza. Son buenos para escuchar y acogen bien las críticas. Están abiertos a ideas diferentes a las suyas. No juzgan cuando se relacionan con los miembros del equipo y toleran las peculiaridades y excentricidades de la gente.

En la parroquia, los líderes-siervos expresan estos comportamientos en la forma en que interactúan con otros miembros del equipo. Para ser honesto, ésta ha sido para mí (Jeff) el área más difícil de desarrollar. En una discusión con un colega de la Diócesis de Metuchen, donde serví como director ejecutivo de Planeación Diocesana, él me dijo de golpe: "¡Tú crees que eres mejor que los demás!" La verdad era que yo me sentía inseguro en mi nuevo puesto. ¡Yo era ministro de pastoral social, no administrador diocesano! En verdad, me sentía menos competente que los demás. Pero los colegas estaban viéndome como un sabelotodo.

Entonces, empecé a hacer más preguntas y traté de integrar las ideas de los demás con las mías. Cuando los colegas respondían a mis ideas con críticas, en lugar de reaccionar a la defensiva, les hacía preguntas. Traté de ver más sus talentos y menos sus rarezas. La situación mejoró, y me hice más seguro de mí mismo. Aunque me queda un largo camino por recorrer, he reconocido esto como un problema y soy más consciente de las conductas en las que tengo que enfocarme. La humildad es una de las cualidades subyacentes más importantes del liderazgo de servicio—y quizá por eso Jesús habla tanto de ella en los Evangelios.

Un líder-siervo modela, o da ejemplo de, un discipulado visionario

Hemos señalado anteriormente lo importante que es el centrarse en la misión de la Iglesia en lugar de insistir en los propios deseos, necesidades y objetivos de liderazgo. Jesús de nuevo nos propone un modelo, manteniendo su compromiso con la visión del Padre a pesar de las tentaciones extremas en el desierto de Judea (Lucas 4,1-13, Mateo 4,1-11). Después, reprende a Pedro cuando éste le sugiere que no es necesario que Jesús sufra su Pasión (Mateo 16,23). Cristo se mantiene centrado en su misión incluso cuando algunos líderes claves de su movimiento le sugieren un camino más fácil.

Un líder-siervo parroquial también mantiene este enfoque y lo expresa de tal manera que los miembros del equipo, y de hecho toda la parroquia, lo puedan entender. En las palabras del profeta Habacuc, "Ponla clara" (2,2-3). En la parroquia, este enfoque transmite un sentido de intencionalidad a los feligreses, y se hace más fácil el congregarlos en torno a un objetivo común. Además, un líder-siervo ayuda al grupo a poner en práctica la visión, concretizándola a través de acciones y resultados específicos.

Cuando el padre Michael White y su asociado laico Tom Corcoran se cansaron de la disminución de miembros y de la falta de entusiasmo en la Iglesia de la Natividad en Timonium, Maryland en los 2010's, se embarcaron en un ciclo de renovación centrado en hacer discípulos de "los perdidos" y ayudarles, a su vez, a hacer otros discípulos. En lo que implementaban esa visión, se enfocaron en mejorar la experiencia de fin de semana de los feligreses y atraer a más personas al discipulado. No todo mundo en la parroquia estaba entusiasmado con estas nuevas orientaciones, y cuando comenzó la pastoral con los que no iban a la iglesia, un tercio de la comunidad abandonó la parroquia. Aunque ésta fue una consecuencia desalentadora—White y Corcoran permanecieron comprometidos con su misión. Al cabo de dos años, empezaron a asistir cientos de nuevos feligreses, haciendo que durante la Navidad y la Pascua tuvieran que salir fuera de su propio templo hacia espacios públicos. El camino de la Iglesia de la Natividad se describe en el galardonado libro del 2013 *Rebuilt* (Reconstruida), y ahora la comunidad comparte su modelo de renovación a través de la organización *Parroquia Reconstruida*.

Un líder-siervo abraza la opción por los pobres

Un líder-siervo mantiene la visión de formar discípulos a la vanguardia, pero también hace memoria de la descripción que Cristo hace del Juicio Final en Mateo (25,31-46). Las palabras del Señor, "Tuve hambre, y me diste de comer", resultarán familiares para la mayoría de los lectores. En esta parábola, Jesús se identifica con la gente pobre y vulnerable. Cómo tratamos a los pobres, indica Cristo, es cómo tratamos al Señor mismo.

Dentro de una parroquia, este concepto se manifiesta externamente a través de la pastoral social a favor de la caridad y la justicia, pero también internamente a través de cómo involucramos a aquellos feligreses cuyas voces son más débiles, cuyas opiniones, bien sea por su raza, edad, sexo, discapacidad, cultura o simplemente porque son introvertidos, podrían no ser tomadas en serio por muchos feligreses. Hay muchas razones por las que en algunas parroquias se pasa por alto a algunas personas. Un líder-siervo se da cuenta de quién participa y de quién no, anima a las personas menos propensas a participar en las reuniones a que hablen y saca a relucir las perspectivas de los que no están presentes. Exteriormente, un líder-siervo muestra preocupación por las personas que viven en pobreza económica y otras personas vulnerables (por ejemplo, los no nacidos, los ancianos o las personas con adicciones). Hablan en nombre de los sin voz en la sociedad y ayudan a las personas a hablar por sí mismas.

El difunto obispo de Saginaw, Michigan, Kenneth Untener, en un momento dado decretó que las parroquias diocesanas se hicieran una única pregunta durante cada reunión parroquial durante seis meses: "¿Qué tiene que ver esto con los pobres?" Esa pregunta dio lugar a nuevas conversaciones dentro de la parroquia de una manera que no prescribía actividades específicas, sino que simplemente fomentaba la conversación. Piensa en las distintas actividades de tu parroquia. ¿Qué pasaría si hicieras esta pregunta?

Convertirse en un líder-servidor

Hasta cierto punto, muchos de nosotros ya estamos en el camino a convertirnos en líderes servidores porque venimos a la Iglesia con el deseo de servir. Pero detente un momento a revisar los comportamientos señalados en las siete secciones previas. Califícate en una escala del 1 al 10 en cada una de las siete categorías. Luego, repasa las puntuaciones—¿cuál es la más alta? ¿Cuál es la más baja? ¿Cuáles serían los comportamientos más importantes que deberías asumir en este momento? ¿Y a largo plazo?

Podría parecer que convertirse en un líder servidor es simplemente cuestión de reflexionar sobre la enseñanza y ejemplo de Cristo según se señaló en las páginas anteriores. En efecto, la reflexión y la oración sobre el concepto de liderazgo de servicio y sus raíces en las Escrituras y en la doctrina de la Iglesia son acciones importantes. Pero, así como puedes pensar en llegar a actuar de distinta manera, también puedes actuar de tal manera que llegues a alcanzar un nuevo modo de pensar. Simplemente intenta adoptar algunos de los comportamientos enumerados en este capítulo y observa cómo afecta a tu manera de pensar.

Las personas en tu equipo pastoral empezarán a reaccionar de manera diferente contigo. Encontrarás que te conviertes en un discípulo y líder más fuerte, uno que lava los pies de otros discípulos al adoptar estas cualidades del líder-siervo. "Les he dado ejemplo, para que también ustedes hagan como yo he hecho con ustedes" (Juan 13,15).

4

Estándares de Excelencia

Michael Brough

Hoy en día, no tienen fin los temas preocupantes que pueden quitarle el sueño a un párroco o líder pastoral. Entre ellos se incluyen las finanzas, la contratación y el despido, el cierre de escuelas, la planificación, la administración, la evangelización, la misión y la recaudación de fondos, por mencionar algunos. Parece que cuanto más dinámica es la parroquia, más intensos son los problemas con los que tú y tu parroquia deben lidiar.

Mi objetivo es explorar contigo algunas herramientas y recursos que pueden ayudarte a abordar estos asuntos de forma práctica, centrada y eficaz. Se trata de las categorías de rendición de cuentas, indicadores de desempeño y puntos de referencia.

En cuanto a la primera de esas herramientas, es interesante cómo la expresión "rendición de cuentas" está pasando a primer plano dentro de la Iglesia católica de los Estados Unidos. En mis viajes, he escuchado a muchos sacerdotes experimentados decir: "Bueno, he hablado de ello durante años, pero por fin estamos *haciendo* algo". Parece que ahora todo el mundo se da cuenta del papel que debe desempeñar la rendición de cuentas si queremos lograr un cambio significativo en la Iglesia.

El reto, sin embargo, es el siguiente: La "rendición de cuentas", al igual que la "administración" y el "ministerio colaborativo", es esa hermosa expresión que está ahí y nos incita a decir: "Es una gran idea. Deberíamos intentar hacerla". Pero eso plantea un par de preguntas puntuales: ¿qué procesos deben existir para que podamos decir que somos una parroquia responsable, y cómo se lleva a cabo realmente la rendición de cuentas?

Cuando pienso en la segunda herramienta, los indicadores de desempeño, recuerdo la famosa frase desechable del difunto alcalde de Nueva

York, Ed Koch, cuando salía a la calle: "¿Qué tal lo estoy haciendo?" Como párroco, ¿cómo sabes *tú* qué tal lo estás haciendo? A veces, un miembro del personal, un feligrés o el obispo te proporcionará una retroalimentación constructiva. Pero la experiencia demuestra que no hay herramienta más fiable y eficaz que los indicadores de desempeño. Te permiten decir con honestidad y precisión: "Esto es lo bien, o lo mal, que lo estoy haciendo. Estas son las habilidades y dones naturales que tengo. Estas son las áreas que me resultan difíciles y para las que debería buscar ayuda externa".

Y finalmente, los puntos de referencia. ¿Cómo aportas objetividad al proceso complejo de manejar una parroquia? Si puedes establecer estándares o puntos de referencia y ser capaz de decir: "Esto es lo que se hace en una parroquia bien dirigida, así es como se ve una administración efectiva y así es como se realiza una buena gestión de recursos humanos", entonces tienes criterios sólidos con los cuales puedes evaluar el desempeño de tu parroquia y su gente.

Espiritualidad de liderazgo

Se dice que para organizar bien a una comunidad hay que quererla. Y eso me recuerda que no se puede separar al líder pastoral del organizador y del animador de la parroquia. Si estamos hablando de implementar soluciones a algunos de los difíciles problemas a los que te enfrentas como párroco, entonces la idea de que necesitamos formar y animar y amar a cada persona y preocuparnos por su crecimiento adquiere una relevancia inmensa. Ciertamente, si ese es tu enfoque pastoral, entonces ya has sido bendecido con una espiritualidad de liderazgo, y eso te distingue de otros que cargan con la necesidad de hacer las cosas de una manera determinada porque así es como siempre se han hecho.

Según mi experiencia, prácticamente todos los sacerdotes, cuando se enfrentan a un problema importante, adoptan la postura: "Quiero ser el mejor sacerdote posible para mi parroquia y para el crecimiento espiritual de mi gente. Por eso hago lo que hago". No estoy sugiriendo que tengas que ser un experto en finanzas, recursos humanos o administración para tener éxito en tus funciones. Pero para ser el "mejor sacerdote" sí necesitas saber lo suficiente sobre estas áreas complejas para asegurarte de que se gestionan de forma eficiente, y de que estás siendo un organizador y animador eficaz de tu parroquia.

Seamos sinceros. Los sacerdotes no fueron ordenados para lidiar con muchas de estas cuestiones temporales, y, como sacerdotes y párrocos, a menudo se encuentran distraídos en otras ocupaciones. Pero puedo asegurarte de que hay procesos, procedimientos, políticas, enfoques y estructuras que se pueden poner en marcha para asegurarse de que esas distracciones se produzcan con menos frecuencia. La razón es que tendrás a las personas adecuadas con el plan adecuado en el lugar adecuado. Y cuando eso ocurre, se desata una potente química que te permitirá, como párroco, cumplir con tu ministerio a diversos niveles, no siendo el menor de ellos el de ocuparte de la administración de tu parroquia. El objetivo final, por supuesto, no es ser grandes administradores por el mero hecho de serlo. Se trata de cómo podemos ser eficaces en nuestra misión como parroquia y de cómo *tú* puedes ser el mejor líder pastoral posible.

La necesidad de un Código de Ética/de Rendición de Cuentas

Con estos objetivos en mente, National Leadership Roundtable on Church Management elaboró los *Estándares de Excelencia: Un Código de Ética y de Rendición de Cuentas para Parroquias Católicas, Diócesis y Organizaciones Sin Fines de Lucro.*[1] Nos dimos cuenta de que había tanto que cubrir que sería extremadamente útil tenerlo todo en un solo lugar, como un recurso simple y conveniente para la gente.

Consideremos la primera palabra del título: "Estándares". Queremos que sepas que hay una forma correcta de hacer las cosas—y no se trata de lo mínimo indispensable. Por supuesto, el derecho canónico prescribe lo que puedes y no puedes hacer como párroco. Pero no sólo hay que preocuparse por las normas internas. Las leyes civiles también dictan lo que puedes y no puedes hacer. Si te desvías, los organismos externos estarán encantados de venir a recordarte que tienes responsabilidades legales; que no puedes, por ejemplo, despedir a alguien simplemente porque es "demasiado viejo". Hay normas y prácticas a las que debemos atenernos, y hemos recogido muchas de ellas en nuestros *Estándares de Excelencia*.

Si observamos la Iglesia católica hoy en día, está claro que hay muchos problemas éticos que provocan choques entre comportamientos correctos e incorrectos, prácticas correctas e incorrectas y políticas correctas e incorrectas. Ni que decir tiene que no siempre hemos hecho las cosas bien, lo que enfatiza la necesidad de un código ético y de rendición de cuentas. Y aunque hemos basado el nuestro en un código no muy diferente al del sector secular, sin fines de lucro, hemos adaptado los *Estándares de Excelencia* específicamente a las necesidades de la Iglesia católica y los hemos ajustado al derecho canónico.

Debo señalar que la rendición de cuentas no es un concepto ajeno a la iglesia. Te remito a la carta pastoral de los Obispos de los Estados Unidos sobre la Corresponsabilidad de 1993. En ella se afirma que la rendición de cuentas es un concepto fundamental vinculado a nuestra comprensión cristiana de la corresponsabilidad, y que debemos "rendir cuentas del uso que la organización hace del tiempo, el talento y el tesoro confiados a su cuidado". Y con una frase que parece sacada directamente de un asesor de Wall Street, la Carta de los Obispos concluye: "A medida que crece la demanda para donaciones caritativas (y aumenta la competencia), el buen rendimiento de cuentas será una indicación aún más importante de si una organización 'merece que se invierta' en ella".[2]

Así pues, la rendición de cuentas debe ser fundamental para satisfacer las necesidades espirituales, educativas y sociales de las personas a las que estás llamado a servir. Una vez más, no se trata de un concepto extraño. Tampoco se trata de una noción vaga, porque en esa misma carta los obispos sostienen que la buena administración en lo que se refiere a las finanzas de la Iglesia debe tener estrictas normas éticas, legales y fiscales. No pueden ser más claros al afirmar que las buenas prácticas empresariales deben formar parte integral de cómo manejamos nuestras parroquias.

A menudo se da un reto lingüístico y de traducción al tratar de adaptar las mejores prácticas para la iglesia. Frecuentemente hablamos de lo mismo, pero utilizando una terminología o lenguaje diferente. No es "corporativo" decir: "¿Quieres ser el mejor director de Educación Religiosa que puedas ser? ¿Quieres saber lo que se te pide que hagas? ¿Quieres ser capaz de medir lo bien que lo estás haciendo?"

Los *Estándares de Excelencia*, por su parte, abarcan unos cincuenta y cinco puntos de referencia de desempeño que ofrecen un plan integral para una parroquia católica bien administrada y dirigida responsablemente. En resumen, se trata de un modelo mediante el cual las parroquias pueden aplicar estándares éticos y prácticas de rendición de cuentas. Los *Estándares de Excelencia* no pretenden dictar cómo poner en práctica hasta el último detalle. Pero sí intentan garantizar que se cubran todos los fundamentos importantes y, lo que es igualmente relevante, que se disponga de la estructura para un código duradero de las mejores prácticas dentro de tu parroquia.

Cuando elaboramos los *Estándares de Excelencia*, tuvimos que asegurarnos de que se ajustaban al 100 por ciento al derecho canónico. Nuestros canonistas nos aseguraron que no sólo estaban totalmente en conformidad con éste, sino que incluso reforzaban el derecho canónico porque eran más explícitos sobre cómo cumplir con las responsabilidades de acuerdo con las normas eclesiásticas.

Ocho principios guía

Con esto como telón de fondo, ¿qué abarcan los *Estándares de Excelencia*? Hay ocho principios guía, o directrices, para los cincuenta y cinco puntos de referencia que cubrimos, comenzando por la misión y el programa. En otras palabras, ¿por qué hacemos lo que hacemos? ¿Cuál *es* nuestra misión y cómo contribuyen a promoverla nuestras actividades en la parroquia?

El segundo contempla los órganos de gobierno y de asesoría, como los consejos de finanzas y pastoral y, a nivel diocesano, los consejos presbiterales y los consejos diocesanos de finanzas.

El tercer principio guía gira en torno a los conflictos de interés. Se ha demostrado que éste es un tema muy interesante, ya que, a medida que recorro el país, me doy cuenta de que se trata de una cuestión sobre la que se ha debatido intensamente, pero sobre la que rara vez se ha hecho algo, salvo en casos puntuales. Sin embargo, es asombroso el número de problemas que surgen en las parroquias y que tienen su origen en conflictos de interés. Pocos se dan cuenta de lo relativamente sencillo que es resolverlos.

El cuarto principio guía es el área de recursos humanos. Se trata de un área enorme que abarca desde la contratación y el despido hasta la forma de impulsar y ayudar a las personas a crecer en su trabajo y en su vocación. ¿Hay alguna diferencia entre ambos? Para mi generación, desde luego que no. Mi trabajo en la Iglesia *es* una vocación—es a lo que he sido llamado. Así que la cuestión es cómo, dentro de los recursos humanos, ayudamos a la gente a crecer en su trabajo y a servir mejor a la Iglesia.

Los principios rectores restantes se centran en las responsabilidades financieras y legales; la apertura, que vuelve a la cuestión de la transparencia; la recaudación de fondos; y la política y los asuntos públicos.

Implementando los estándares

¿Cómo aplicamos las mejores prácticas incorporadas en los *Estándares de Excelencia* en cada una de estas áreas? Y, lo que es igual de importante, ¿cómo hacerlas sostenibles?

La buena noticia es que no estamos hablando de reinventar la rueda. Estamos hablando de aprovechar las mejores prácticas que ya existen en los mundos empresariales, sin fines de lucro y seculares, e incluso en otras parroquias y diócesis. El reto, sin embargo, es integrarlas en el tejido de la parroquia. Y eso requerirá nada menos que un cambio cultural que tenga en cuenta tus habilidades de liderazgo y tu capacidad para involucrar a tu personal, a los líderes laicos y a toda la parroquia en una conversación significativa. Aprender a ser agentes del cambio y a gestionar cambios radicales en una parroquia es una poderosa habilidad de liderazgo que debes desarrollar. ¿Cómo ayudar a la gente a reconocer que "nuestra situación es diferente ahora de lo que era antes" y que tenemos que cambiar en consecuencia si queremos seguir siendo eficaces en nuestro ministerio?

Para poner en práctica un programa de los *Estándares de Excelencia*, necesitarás un líder. Puedes ser tú, un asociado pastoral, el vicario parroquial, el presidente de tu consejo pastoral o un líder laico. Tal vez la persona ni siquiera tenga un título, pero tú sabes que él o ella es líder dentro de la comunidad.

Una vez identificado el líder (o campeón de la causa), necesitas determinar con quién se debe dialogar y cómo se quiere compartir ese valor común que dice que quieres integrar estándares de excelencia en la forma de hacer las cosas porque crees que esto dará como resultado el tener la mejor parroquia posible de cara al futuro. El mensaje más importante que hay que transmitir a tu gente es que tienes una misión y una visión, y que se están poniendo los cimientos – los estándares de excelencia – para llegar a ellas.

Entonces, empiezas con una autoevaluación. Se trata realmente de que tú y tu personal examinen su parroquia y reconozcan qué áreas gestionan bien e identifiquen otras en las que deben enfocarse y mejorar, ya sea mediante soluciones rápidas o programas a largo plazo. Como siguiente paso, Leadership Roundtable proporciona las herramientas que necesitas – como recursos educativos, plantillas, estudios de casos y manuales de políticas – para una implementación exitosa.

Otro mensaje es que, como iglesia, debemos tomarnos muy en serio las áreas de rendición de cuentas y ética. Esto implica profesionalizar nuestro liderazgo eclesial y llegar a la conclusión de que la prevención es mejor que el remedio. Y no es sólo Leadership Roundtable que predica esto. Cuando el obispo Dennis Schnurr, ahora arzobispo de Cincinnati, era tesorero de la Conferencia de Obispos, dijo: "Nuestras parroquias ya no pueden ser negocios familiares cuyo lema sea 'confía en mí'".[3]

No se trata de cuestionar la integridad de tu contador, de los que cuentan las colectas, de tu auditor, del presidente de tu consejo de finanzas o de ti mismo como párroco. Más bien, uno de los beneficios de los Estándares de Excelencia es que realmente protegen a estas personas clave. ¿Por qué querrías poner a alguno de tus voluntarios o miembros del personal en una situación en la que no hay controles y balances para protegerlos? Incluso si, como párroco, puedes transferir muchas de las responsabilidades parroquiales a seglares cualificados y talentosos, eso tampoco te exime de responsabilidad. Los controles y balances protegen a todos.

Proteger y profesionalizar tu parroquia también significa conectarte con tu diócesis. Muchas diócesis han desarrollado políticas y procedimientos para protegerte a ti y a otros líderes parroquiales. Pero no son pocas las diócesis con las que trabajo que me han dicho que su mayor reto es pasar de la elaboración de la política a su aplicación, y eso nos lleva de nuevo a la cuestión de la rendición de cuentas. Las políticas diocesanas suelen explicarse en carpetas voluminosas, por lo que no es de extrañar que a menudo la gente ni las vea. Pero lo que también encontramos con frecuencia es que la diócesis en ningún momento a lo largo de todo el proceso de creación de estas políticas y procedimientos involucró a los líderes laicos a nivel parroquial. Mi consejo es que no cometas el mismo error con respecto a los *Estándares de Excelencia*. Si no involucras a tus feligreses en el desarrollo y la aplicación de estos puntos de referencia, no esperes que los acepten, se sientan partícipes ni que los hagan suyos. Se trata realmente de entablar un diálogo con tu gente y decirles: "Estas son las razones por las que vemos la necesidad de esta política o procedimiento en particular y, debido a su experiencia, nos gustaría que nos ayuden a desarrollarla por el bien de la parroquia".

Enfrentando cuestiones difíciles

Una vez implementados los *Estándares*, ¿cuáles son los problemas concretos que éstos pueden ayudarte a abordar de forma profesional y responsable?

Tomemos el área de los conflictos de interés. Una forma de evitarlos consiste en abstenerse de formar parte de un consejo o comité si parece que existe un conflicto, pero todos sabemos que eso rara vez funciona en las parroquias. Esto nos lleva a un enfoque mucho más eficaz – la transparencia – que es inherente a los *Estándares de Excelencia*. Cada año, los miembros de tu consejo pastoral y de tu consejo de finanzas declaran abiertamente: "Estas son las relaciones que tengo". Tal vez el concesionario de autos que te dio un descuento en tu Buick también forme parte del consejo de finanzas. O puede ser que el pequeño empresario local que suminista papelería a la escuela parroquial también sea parte del consejo pastoral y vote en el presupuesto. La transparencia pone de relieve estas relaciones y abre la puerta a que la gente diga proactivamente: "Aquí es cuando debo abstenerme de decidir sobre un asunto específico".

Hay otra forma en que los *Estándares* pueden ayudar. ¿Cuentas con un procedimiento confidencial para denunciar irregularidades? Esto se convirtió en un tema importante para la iglesia con la crisis de los abusos sexuales. ¿Disponen tú o tu diócesis de una línea telefónica directa para denunciar irregularidades financieras? Como párroco, sin duda querrás asegurarte de contar con esta medida. Esto remite a lo que dije antes sobre la protección de tu parroquia y tu gente. Si dispones de las políticas y los procedimientos adecuados, si tu consejo financiero se reúne con regularidad, si estás seguro de que tu informe anual, tu presupuesto y la información que proporcionas a tus feligreses son correctos, entonces no tienes nada que temer.

Al igual que los conflictos de interés, la evaluación del desempeño es un área crítica que muy pocas parroquias parecen manejar bien. Los *Estándares de Excelencia* proveen la medición del desempeño de los miembros de tu personal con respecto a un conjunto predeterminado de objetivos y expectativas, y la utilización de esa información para reforzar las habilidades del personal, su productividad y su satisfacción laboral. El proceso de evaluación del desempeño ayuda a generar un diálogo continuo con el personal, de modo que, por ejemplo, un responsable de un ministerio que esté rindiendo por debajo de sus posibilidades, pueda confiadamente decirte: "Es evidente que esto no funciona. Usted me pide que haga X e Y, pero parece que no puedo llegar a esos niveles. Probablemente necesito estar en otro sitio".

Así que ahora la conversación por tu parte pasa a ser: ¿cómo puedo ayudarte a encontrar el lugar adecuado para tus talentos? Tal vez ese lugar sea el de seguir siendo miembro del personal, pero con un rol diferente. O tal vez sea en otra parroquia, en una fase diferente de su desarrollo, que necesita precisamente las habilidades que tú puedes ofrecer. Lo que estás mostrando a esa persona es que te preocupas lo suficiente por ella como para ayudarla en su transición hacia algo que satisfaga mejor sus necesidades. Y esto es especialmente importante porque nuestro personal pastoral y los voluntarios no son simplemente "empleados / miembros del equipo", sino a menudo feligreses, amigos y parte de una familia de fe más amplia.

Los límites de turnos de servicio dan otro ejemplo de cómo los *Estándares* pueden proporcionar una orientación valiosa. Es posible que haya personas que hayan formado parte de tu consejo pastoral durante veinte o treinta años. Eso es maravilloso, pero necesitas que se vayan – no una baja permanente, pueden regresar en dos o tres años, digamos – pero tú necesitas una infusión de ideas frescas de miembros nuevos en tus consejos. Estas personas nuevas pueden haber estado al margen durante años, esperando una oportunidad para servir a la parroquia.

Los *Estándares* también pueden afectar al desarrollo del consejo y del personal. ¿Cómo orientas a los nuevos miembros de tus consejos de pastoral y de finanzas? ¿Insistes en que asistan a sesiones de formación diocesana sobre temas de interés? ¿Los animas a asistir a cursos en una universidad o seminario locales y quizás les ofreces fondos para ello? Todo esto puede ser una inversión muy rentable.

La mentoría es importante. Yo no estaría hoy aquí si no fuera por mis mentores, muchos de ellos sacerdotes. La llames como la llames – tutoría, asesoría profesional, desarrollo de liderazgo o cuidado pastoral – el proceso es vital. Responde a las pregunta: "¿Cómo me estás ayudando a crecer como persona?" y "¿Cómo estás ayudando a tu personal a abordar de manera convincente las cuestiones y los problemas a los que se enfrentan?"

Vídeo y recursos electrónicos

Más allá de los *Estándares de Excelencia*, hay otros recursos disponibles para ayudarte a crear una parroquia dinámica y permitirte dar un paso atrás para tomar perspectiva y desarrollar procesos y estructuras reflexivos que estén vinculados a la misión de tu parroquia.

Uno de ellos es el DVD y el cuaderno de trabajo de *Iglesia en América* de Leadership Roundtable, que se divide en tres secciones: gestión parroquial, finanzas parroquiales y recursos humanos parroquiales.[4] Cada una de estas áreas se trata en el contexto de las mejores prácticas. Para ello, grabamos en video a una serie de autoridades y líderes de opinión, personas como el cardenal Levada, cuando era arzobispo de San Francisco, y Fred Gluck, exdirector gerencial de McKinsey & Company. Luego fuimos a parroquias de todo el país, desde Texas hasta Nueva Jersey y Virginia, y grabamos a párrocos y miembros de consejos financieros y pastorales. Y a partir de esto creamos nuestro DVD, el cuaderno de trabajo y la hoja del participante, que puedes descargar gratuitamente de nuestro sitio web.[5] Estos materiales abordan temas de actualidad como la escasez de sacerdotes, cierres de parroquias, asuntos de personal, rendición de cuentas, cómo elaborar e implementar una declaración de misión, y cómo se ve la corresponsabilidad desde el prisma de las finanzas y la recaudación de fondos. Estos temas se abordan de forma atractiva para que puedas desarrollar planes de acción, así como un diálogo con el personal, los líderes laicos y los feligreses.

Algunos otros recursos valiosos a tu alcance son sitios web relacionados a la administración y el liderazgo. Algunos de ellos pueden incluir recursos sobre mejores prácticas recopiladas y sugeridas por diócesis y parroquias de todo el país. Solamente recuerda que cada iglesia hace ciertas cosas extremadamente bien y que otras pueden beneficiarse de sus experiencias.

Leadership Roundtable está trabajando para abrir otro portal electrónico – comunidades de práctica – para parroquias y diócesis. La idea es reunir a expertos en diversos campos prácticos para que formen parte de un foro en línea—no cursos ni seminarios en línea, sino un lugar donde párrocos y sacerdotes puedan intercambiar ideas y aprender de otros que tienen una gran riqueza de conocimientos y experiencia que compartir.

Proporcionar recursos como estos en línea tiene un sentido indispensable. Hoy en día, muy pocos sacerdotes pueden permitirse el lujo de viajar para asistir a cursos, disfrutar de años sabáticos u otras oportunidades de aprendizaje prolongado. En algunas diócesis, hay muy pocas oportunidades de formación permanente o continua. Imagínate, pues, un sitio al que puedas acudir para obtener las últimas ideas y reflexiones en áreas ministeriales claves como liturgia, vida sacramental, vida de oración de los feligreses, comunicación, eficacia de los consejos, o cualquier otro tema que desees plantear en el foro e iniciar una discusión. O un sitio en el que puedas informarte sobre las próximas conferencias nacionales, discursos y comentarios notables, y artículos publicados sobre temas de tu interés. Todo esto está disponible dentro de una comunidad de práctica compartida

Evaluando tus habilidades

Por último, me gustaría mencionar la *Evaluación de Liderazgo Católico 360*.[6] Este esfuerzo conjunto de la National Federation of Priests' Councils, la National Association of Church Personnel Administrators y Leadership Roundtable está diseñado para proporcionarte retroalimentación sobre la eficacia de tu liderazgo ministerial. Esta retroalimentación proviene de tu superior, de tus pares, de aquellos que están en el ministerio contigo y de aquellos a quienes atiendes. Puede ser un proceso muy fortalecedor que también te ayude en tu desarrollo como líder pastoral. Te permite analizar tus resultados y crear un plan de desarrollo que esté alineado con el plan o estrategia de tu parroquia o diócesis.

La *Evaluación Liderazgo Católico 360* es confidencial. La única persona que recibe tu informe eres tú. No el obispo, ni el vicario general, ni el vicario para el clero. Pero creo que encontrarás esta herramienta tan útil que te sentirás impulsado a presentarte después a tu obispo y al vicario del clero y decirles: "Aquí está mi plan de desarrollo personal. Estos son mis puntos fuertes y estas son las áreas en las que sé que tengo que trabajar".

Al igual que los otros programas que he descrito, la *Evaluación Liderazgo Católico 360* se basa en las mejores prácticas comprobadas en el mundo corporativo, en el sin fines de lucro y en el secular, y se adapta para un contexto eclesial. En tu caso, la Herramienta de Evaluación para Sacerdotes responde y tiene en cuenta la exhortación de *Pastores Dabo Vobis*,[7] el Plan Básico para la Formación Permanente del Clero,[8] y recursos específicos como *En Cumplimiento de su Misión: Deberes y Tareas del Sacerdote Católico Romano*.[9]

En su conjunto, estas herramientas te ofrecen un poderoso recurso para ayudarte a aprender de tus experiencias y compartir ese conocimiento con tus hermanos párrocos y sacerdotes. No hay mejor manera de enviarte a un camino de crecimiento personal, formación, educación teológica y desarrollo humano de por vida—un camino cuya meta final es la excelencia para ti y para tu parroquia.

Notas finales

1. Ver las ediciones de la National Leadership Roundtable on Church Management, *Estándares de Excelencia: Un Código de Ética y de Rendición de Cuentas para Parroquias Católicas, Diócesis y Organizaciones Sin Fines de Lucro*, 2da. Edición, 2021, https://leadershiproundtable.org/drawer/catholic-standards-for-excellence/.

2. Conferencia de Obispos Católicos de los Estados Unidos, *La Corresponsabilidad: Respuesta de los Discípulos* (Washington, DC: USCCB, 2002), 63.

3. Archbishop Dennis M. Schnurr, "Lead Us Not into Temptation," *National Catholic Reporter* 43, no. 14 (February 2, 2007): 19.

4. Todos los recursos se pueden encontrar en https://leadershiproundtable.org/.

5. Visita http://www.catholicleadership360.org/ para ver algunos recursos.

6. Visita http://www.catholicleadership360.org/.

7. Juan Pablo II, Exhortación Apostólica, *Pastores Dabo Vobis* (25 marzo 1992).

8. USCCB, Basic Plan for the Ongoing Formation of Priests (Washington, DC: USCCB Publishing, 2001).

9. Joseph Ippolito, Mark Latcovich, y Joyce Malyn-Smith, *In Fulfillment of Their Mission: The Duties and Tasks of a Roman Catholic Priest* (Washington, DC: National Catholic Educational Association, 2008).

Las Comunicaciones: ¿Vitaminas o Postre?

Helen Osman

La hermana Mary Ann Walsh fue una figura gigantesca dentro del mundo de las comunicaciones en la Iglesia (incluso ha sido mencionada por lo menos en una edición de la guía de estilo de la Prensa Asociada), y tenía muchas frases memorables sobre la Iglesia y su perspectiva poco clara respecto a las comunicaciones. Ella decía que los obispos y los párrocos tienen el mismo modo de pensar en las comunicaciones que lo que haría una madre sobre el postre. Si sobra dinero del presupuesto, o si hay un evento especial, podríamos tener postre, o gastar el dinero en comunicaciones. Si no es así, enfoquémonos en "la carne y las papas" del ministerio.

Mary Ann consideraba que esta es una forma pésima de considerar las comunicaciones. Yo estaría de acuerdo. En lugar de considerar a las comunicaciones como un lujo no esencial, yo sugiero que las parroquias (y las diócesis) piensen en las comunicaciones como un elemento esencial del ministerio de la iglesia, tal como lo son las vitaminas en la dieta diaria de una persona saludable. Sin comunicaciones, el cuerpo de nuestra parroquia se debilita, se desnutre, es susceptible a enfermedades externas. Además, la mejor manera de comunicar es integrar la comunicación en la programación y en los procesos diarios de la comunidad de manera que se consuma fácil y gustosamente—de la misma manera en que la mejor forma de obtener las vitaminas para uno es por medio de una comida natural bien preparada y con delicioso sabor.

¿Entonces, cómo se realiza en una parroquia la integración de las comunicaciones en su rutina diaria? En el lenguaje de los profesionales en este campo, se le llama *estrategia de comunicación*. Una estrategia de comunicación efectiva incluye por lo menos tres elementos: (1) visión clara, (2) audiencias específicas, y (3) calidad de contenido y canales de distribución. Otra forma de describir esto es utilizando las cinco *preguntas* para contar una historia: *qué y por qué* (visión) comunicas, *cómo* (contenido), a quién y cuándo (audiencias). Este capítulo considera cada uno de estos tres elementos, y luego ofrece algunas tácticas para implementar la estrategia de las comunicaciones.

Una visión clara

Recientemente una parroquia invirtió una buena cantidad de dinero en colocar una marquesina iluminada en las instalaciones de la parroquia. Este hermoso tablero da a la parroquia una manera de comunicar lo que es importante para todos aquellos que conducen por una carretera transitada. Algunas veces la marquesina incluye mensajes acerca de un próximo acontecimiento. Algunas veces hay una felicitación como "¡Felices Pascuas!" Pero siempre están las palabras: "Para alquilar nuestro salón parroquial, por favor llame al 555-1212." Este mensaje es definitivamente fuerte y claro: ¡Queremos tu dinero! ¡Ah!, y, por cierto, aquí hay algo que podría ser significativo para todos los demás. Aunque esa parroquia había gastado cuantiosos recursos para comunicarse, puede que no se tomara el tiempo para ser estratégica en el uso de la marquesina. ¿"Qué" y "por qué" se estaba tratando de comunicar por medio de esa marquesina?

La visión de las comunicaciones tiene que empezar por el párroco. Tú tienes tu propio *estilo* de comunicación. Tal vez seas introvertido o extravertido. Tal vez seas un gran predicador o prefieras reunirte con la gente individualmente. No necesitas ser todo esto para todo el mundo. Pero sí necesitas tener una visión de lo que quieres que la gente piense sobre tu parroquia, cómo describan la parroquia, cuál sea su reputación.

Nuestra Iglesia católica ha estado "visionando" desde sus inicios. ¿Quién decidió que nos llamaríamos cristianos y Jesús el Cristo? La palabra "Cristo" puede ser traducida como "el Ungido". Por tanto, desde el nacimiento de la Iglesia, los antepasados de nuestra fe se vieron a sí mismos como "ungidos". Tal vez no deberíamos sorprendernos de que el Imperio Romano nos considerara peligrosos.

Y, a través de los siglos, la Iglesia ha usado símbolos – incluyendo palabras – para indicar qué es y qué significa ser miembro de esta Iglesia.

El fuego, por ejemplo, es un símbolo del Espíritu Santo. Hacer la señal de la cruz nos distingue. Las palabras "una", "santa", "católica", y "apostólica" resumen los valores fundamentales de nuestra organización. Las compañías comerciales se han convertido en expertas de esta práctica. Ellas lo llaman marca registrada, o marca comercial. Tu necesitas determinar la visión, o la "marca" de tu parroquia: esto es definir la "marca". ¿Es acogedora? ¿multicultural? ¿impresionante? ¿hermosa? ¿servicial? ¿espiritual?

Algunos querrán afirmar todos estos aspectos como la visión de la parroquia, o la marca. Mientras que ciertamente puedes hacer esta afirmación, lo que ocurre en realidad es que, o la parroquia es mediocre en todos los aspectos, o uno de estos elementos sobresale de cierta forma orgánica. En otras palabras, el párroco no dedicó suficiente tiempo y energía a entender realmente su visión o la fe vivida de la parroquia. Examina la declaración de la misión de tu parroquia para obtener pistas acerca de lo que los parroquianos y el párroco anterior piensan que debe ser la marca. Habla con el personal y el consejo parroquial. ¿Estarían ellos de acuerdo contigo en la marca, o la marca distintiva que define a la parroquia?

Una vez que hayas establecido la marca de tu parroquia, asegúrate de que el personal, el consejo parroquial, y el consejo de finanzas la conoce y que todos ustedes están trabajando juntos para fortalecerla. Si tu personal y líderes clave no captan tu concepto, si ellos no "entienden" la visión, tampoco lo hará nadie más.

Audiencias particulares

La segunda parte de una estrategia de comunicación es el conocimiento de tus comunidades clave. Los negocios utilizan las frases "público destinatario" o "partes interesadas" para describir este elemento. Yo prefiero la palabra "comunidades" en lugar de "audiencias", ya que sugiere un tipo de comunicación de intercambio, en vez de una calle de un sólo sentido. El diálogo y el escuchar son atributos clave de un exitoso comunicador. El papa Francisco escribió en un mensaje para el Dia Mundial de las Comunicaciones: "Las murallas que nos dividen solo pueden ser derribadas si estamos preparados para escuchar y aprender el uno del otro. . . Una cultura de encuentro exige que estemos listos no sólo para dar, sino también para recibir."[1]

Si estás tratando de comunicar tu visión a cada uno en la misma forma, no vas a tener éxito. Tienes que conocer tus comunidades y que es lo que hace a cada una, una comunidad. Algunos ejemplos podrían ser los padres de los niños en el programa de educación religiosa y la escuela parroquial, los ministros de la liturgia, el consejo parroquial y el de finanzas, las organizaciones de seglares, los asistentes a la misa diaria, o los catequistas. En algunas parroquias, en todas estas comunidades están las mismas personas, pero en parroquias más grandes cada una podría tener miembros diferentes.

Considera sus necesidades e intereses particulares. ¿Alguno de ellos se siente excluido o distanciado de los líderes parroquiales, o uno del otro? ¿Trabajan los padres de familia de tu parroquia en múltiples empleos, o los padres solteros, con el tiempo muy ajustado? ¿O tienes un gran número de madres o padres que se quedan en casa con sus hijos? Es necesario entender las posibles barreras que impidan a estas comunidades recibir las comunicaciones de tu parroquia. También necesitas saber qué es lo que resonaría en sus vidas con la visión que tú tienes de la parroquia. Por ejemplo, si quieres que tu parroquia sea conocida como una parroquia acogedora y tú tienes muchos padres solteros, ¿qué les ayudaría a apreciar esa visión? Tal vez puedas proveer servicio de guardería para cada evento, y comunicar esa información en una forma en que anime a los padres a utilizar el servicio.

Como parte de una estrategia de comunicación, el "cuándo" tiene también que ver con el "quién". Un buen chiste no es la única comunicación que se beneficia de una buena oportunidad. Muchas parroquias están aprendiendo que los correos electrónicos enviados los sábados en la mañana se abren con más frecuencia que los enviados los viernes por la tarde. Los anuncios hechos desde el púlpito al final de la misa no son escuchados por quienes salen después de la comunión. Poner páginas web (enlaces URL) en los boletines impresos requiere un esfuerzo extra de aquellos que puedan estar solo medianamente interesados en leer acerca de una iniciativa concreta.

Mientras que el párroco tiene que tomar la responsabilidad de establecer la visión – el "qué" y el "por qué" de una estrategia de comunicación – lo más probable es que te des cuenta de que hay feligreses que pueden asumir el liderazgo para definir el "quién" y el "cuándo". Los empresarios inteligentes, los profesionales de la mercadotecnia o de la recaudación de fondos, o la gente con experiencia en ventas, típicamente realizan este trabajo para ganarse la vida. Tu personal diocesano de comunicaciones, desarrollo o administración quizá también podría ayudar.

Cuando te pongas en contacto con tu diócesis, pregunta también si tiene alguna política de comunicaciones. La mayoría ha publicado, como mínimo, procedimientos básicos de comunicación en relación con las políticas y asuntos de ambiente seguro. Conforme vas construyendo tu estrategia de comunicación parroquial y entrenando a tu personal y a los voluntarios, asegúrate de que todo esté conforme con las políticas diocesanas.

Para reiterar, es importante que tu personal y los líderes parroquiales clave conozcan a las audiencias de su parroquia, cuáles son sus necesidades y los impedimentos para comunicarse eficientemente con ellos.

Contenido y canales de calidad

El "cómo" de una estrategia de comunicación tiende a llamar más la atención debido a que se identifica por el contenido y los canales de distribución. En otras palabras, el boletín, los correos electrónicos, el sitio web, la señalización. Aquí es por donde a veces el párroco o el personal parroquial quieren empezar a pensar en las comunicaciones. Evita esa tentación. ¿Recuerdas la analogía de la Hna. Mary Ann? Si tú no provees una visión saludable ni consideras las necesidades de tus comunidades, ninguna elegante aplicación digital o brillante marquesina va a arreglar nada.

El contenido debe estar bien escrito, con imágenes de alta calidad y un diseño visual bien elaborado. El mensaje del evangelio merece nuestro mejor trabajo. Una forma de asegurarlo es establecer secuencias de trabajo, o procesos, que permitan tomar las decisiones correctas a las personas con las habilidades y autoridad apropiadas. El párroco podría tener el más profundo entrenamiento teológico, pero puede escribir las más mortíferas e interminables oraciones jamás vistas. Dejemos que un profesor de inglés, un periodista, o un editor transforme esas frases en algo digno de Hemingway, uno de los mejores escritores de los Estados Unidos. Ellos no pueden alterar los fundamentos teológicos, pero pueden hacer más fácil para tus feligreses el entender lo que estás tratando de comunicar.

Las fechas límite deben ser realistas y lógicas. Y recuerda, no importa en qué punto de la secuencia te encuentres, si alguien falla en un plazo, hay toda una cadena de consecuencias. Si no puedes entregar tu columna al editor del boletín hasta el viernes por la mañana, no te sorprendas si el domingo por la mañana sale con errores.

Honra el medio. Marshall McLuhan dijo esta frase célebre: "El medio es el mensaje". Esa frase encierra muchas cosas, incluida la noción de que hay que tener en cuenta las características de los medios de comunicación que se pretende utilizar para crear contenido. Por ejemplo, un vídeo de más de dos minutos es mortal en la web. Una hermosa liturgia se vuelve tediosa y cansada cuando uno la experimenta en una pantalla diminuta (a menos que se seas la madre del celebrante). Un blog funciona bien en un sitio web, pero es mejor incluir sólo una o dos frases y un enlace si se va a publicar en la página de Facebook de la parroquia. En otras palabras, el boletín, los correos electrónicos, el sitio web, la señalización. También hay consideraciones prácticas para canales específicos de comunicación, que examinaremos a continuación.

Señalización e indicaciones

¿Está claro para los no iniciados? En una parroquia a la que asistíamos siempre se invitaba a los recién llegados a tomar café en la sala San Francisco. Pero en todos los años que oí ese anuncio o lo leí en el boletín, nunca me enteré en dónde estaba la sala San Francisco. Considera qué es lo más importante para las personas que por primera vez intentan transitar por tu campus.

Boletines

Esta es una de las tareas que más tiempo quitan al personal de la parroquia, y sin embargo la mayoría de los boletines no lo demuestran. Suelen ser una mezcolanza de eventos y listados de números de teléfono. Afortunados son los feligreses que pueden encontrar algo de formación junto con la información en el boletín de su parroquia.

En 2012, un estudio del Center for Applied Research in the Apostolate (CARA, por sus siglas en inglés) descubrió que el boletín parroquial era notablemente el canal de comunicación más utilizado por los católicos para obtener información sobre su parroquia o la Iglesia—incluso entre los milenarios.[2] Si menos de la mitad de todos los católicos lee el boletín, es de todos modos un número considerablemente mayor que el que accede a los sitios web de las parroquias. Por lo tanto, trata de encontrar formas de hablarles a los lectores del boletín acerca de la misión fundamental de tu parroquia. Algunos párrocos publican lo más destacado de su homilía o de los mensajes semanales de su blog en el boletín. Otros utilizan contenidos basados en las Escrituras del domingo que están disponibles en otras fuentes, como el servicio "Lecturas de Hoy" de la Conferencia de Obispos Católicos de los Estados Unidos. También es posible ofrecer breves noticias sobre un proyecto de servicio, incluir alguna catequesis en el anuncio sobre las próximas confirmaciones, o proporcionar un enlace para atraer a la gente a que vaya a tu sitio web o a que lea un artículo realmente interesante en el periódico diocesano.

Pero ¿qué hay de todos esos anuncios de eventos que alguien (frecuentemente la secretaria de la parroquia) dice que absolutamente deben ser incluidos? Esa información debe llegar a los feligreses, pero es posible que quitar un valioso espacio dentro del boletín parroquial no sea la mejor manera de llegar a la gente. Considera el enviar por correo electrónico esos anuncios a los parroquianos de tal manera que cada uno, independientemente de si asisten a la misa dominical, reciban la información. De esta manera el boletín – repleto con más contenido de formación – se convierte en un canal de comunicación válido que eleva la experiencia de los asistentes a la misa.

Correo electrónico

Los mercadotécnicos nos dicen que hemos completado el círculo en el mundo de la mercadotecnia digital. Después de probar la publicidad en sitios web, después en Facebook, Pinterest, YouTube, y otros canales de redes sociales, están descubriendo que los correos electrónicos son la forma más efectiva de llegar a la gente.

Las parroquias no son diferentes. Un párroco me dijo que su personal reporta como abiertos un 80-90 por ciento de correos electrónicos de los que han sido enviado a los feligreses. El porcentaje de correos electrónicos que se abren nos dice a cuántos correos electrónicos se les hizo clic y fueron "abiertos" por los destinatarios. La mayoría de software o los programas de administración de correo electrónico pueden darte este tipo de información. El utilizar programas de administración de correo electrónico también asegura que tus correos electrónicos no estén siendo bloqueados por los filtros de *spam* y que puedas controlar los "rebotes". Algunas compañías que ofrecen soluciones para sitios web o de administración de datos también proporcionan administración de correo electrónico. La inversión vale la pena.

Sitios web

Muchos sitios web dan la misma sensación que los boletines parroquiales: se ven como si alguien hubiera abierto una caja de baratijas y las hubiera esparcido alrededor. Entre tantas joyas brillantes, es difícil decidir cuál seleccionar. Otras requieren que hagas clic no una, o dos, sino tal vez tres o cuatro veces antes de encontrar el horario de misas o en donde se encuentra ubicada la parroquia.

Un servicio de Google Analytics puede ayudarte a descubrir *cómo* la gente utiliza tu sitio web. Sin embargo, por regla general, debe servir dos propósitos:

Primero, debe ser un "equipo de bienvenida" digital para las personas interesadas en lo que ofrece tu parroquia, como los sacramentos y el sentido de comunidad. Usualmente, el Internet es el primer lugar al que va la gente cuando está buscando algo. El Grupo Barna, que hace trabajo de investigación para iglesias, organizaciones sin fines de lucro y negocios, en un estudio de 2013 sobre milenarios practicantes (de 18 a 30 años), descubrió que el 56 por ciento consulta el sitio web de una parroquia antes de visitar la iglesia.

Asegúrate de que tu sitio web esté construido de manera que los motores de búsqueda puedan encontrarlo. Si no sabes lo que significa eso, encuentra una compañía que lo maneje y págale para que regule el sitio y le proporcione un sistema de administración de contenidos que permita a tu personal actualizarlos regularmente. No permitas que tu sitio web se convierta en una monstruosidad de páginas y enlaces que no funcionan. Si quieres archivar el contenido, crea un espacio digital por separado. Mantener la supervisión editorial y operativa de ese contenido debe ser el trabajo de alguien que no sea el párroco. Podría ser un miembro del personal de la parroquia, un voluntario o un equipo con experiencia.

Segundo, considera el sitio web como una fuente de *gran* contenido sobre la parroquia. Publica galerías de fotos e historias breves o blogs. Después, reutiliza ese contenido compartiéndolo en las redes sociales de la parroquia. De nuevo, piensa en esos "exploradores" que acuden al Internet en busca de un hogar de fe. ¿Qué aspecto de la visión de tu parroquia los atraerá a venir a misa este domingo?

Si tu parroquia es grande, o tiene buen financiamiento, considera un programa informático que permita la integración de la administración del correo electrónico con un sistema de sitio web. Los programas informáticos que logran esto frecuentemente se conocen como sistemas de administración de miembros o de asociaciones. Hay incluso empresas que comercializan sistemas específicamente para las parroquias católicas, pero muchas parroquias utilizan sistemas de administración de membresía que ofrecen servicio no sólo a las iglesias, sino también a universidades, organizaciones profesionales y organizaciones fraternales. Estos sistemas también pueden registrar y aceptar donaciones, así como inscripciones y pagos para la educación religiosa y otros programas.

Medios de comunicación social

Las redes sociales son fuente de gran angustia y consternación para la mayoría de los párrocos. Anecdóticamente, veo menos inquietud a medida que se muda a las rectorías una generación más joven de hombres con conocimientos digitales, pero todavía hay parroquias con políticas que no permiten al personal o a los sacerdotes publicar nada sobre la parroquia en las redes sociales. Esto es desafortunado, ya que estas parroquias restrictivas se están haciendo a sí mismas invisibles para un número creciente de jóvenes católicos. Están aislando a su comunidad de un mundo que está adoptando las nuevas tecnologías.

El papa Benedicto fue el primer papa que animó a la Iglesia a entrar en este nuevo mundo. De hecho, él acuñó una frase para ello: *el continente digital*. En 2009, escribió: "Estas tecnologías son realmente un regalo para la humanidad y debemos esforzarnos para asegurar que los beneficios que ofrecen se pongan al servicio de todos los individuos y comunidades humanas, especialmente de las más desfavorecidas y vulnerables."[3] Para entender la filosofía del Santo Padre y de la Santa Sede con respecto a los nuevos medios de comunicación, tómate el tiempo de leer los mensajes del Dia Mundial de las Comunicaciones. Se han publicado anualmente desde 1967, pero si tienes poco tiempo, empieza con el mensaje de 2007.[4] Si te sientes como un *ludita* y eres incapaz de entender a la gente joven y su jerga extraña, estos mensajes proveen una sólida justificación pastoral de por qué es importante que tu parroquia utilice canales como Facebook y YouTube. El papa Francisco ha resumido bien la visión del Vaticano: "El Internet, en particular, ofrece inmensas posibilidades de encuentro y solidaridad. Es algo verdaderamente bueno, un regalo de Dios."[5]

Hay buenas razones, por supuesto, para que las parroquias desconfíen de las redes sociales. Tienen un lado oscuro y el medio no es para los no iniciados. La Conferencia de Obispos Católicos de los Estados Unidos ofrece una serie de normas que son extremadamente útiles y necesarias de leer, aun si tu parroquia ya está utilizando las redes sociales. Las normas proporcionan definiciones de términos, las mejores prácticas, cómo administrar los conjuntos de medios sociales, cómo utilizar las redes sociales con menores, qué decir al personal sobre los sitios personales y cómo reportar y supervisar.[6]

Vídeo, audio y más

Algunas parroquias mantienen un arsenal mucho mayor de canales de comunicación: una misa televisada, por ejemplo, o una emisora de AM de baja potencia, o una biblioteca. Cada uno de ellos tiene cualidades que deberían ser aprovechadas al máximo, pero esa es una conversación que va más allá del alcance de este capítulo. Basta con decir que la precaución está justificada en todo caso: si el contenido no sirve a la visión del párroco o a las necesidades de la comunidad, no habrá un rendimiento suficiente de la inversión.

Relaciones con los medios de comunicación

Esta es otra área que, con frecuencia, los párrocos desearían que desapareciera. En verdad, cuando un periodista llama, no es normalmente porque en la parroquia acaba de ocurrir algo maravilloso. El mejor consejo aquí es asegurarse de que quien conteste el teléfono de la parroquia sepa cómo responder a la llamada de un periodista, y mejor aún, a quién pasársela. Esta es un área en la que quieres estar absolutamente seguro de que estás alineado con las directrices diocesanas. Los párrocos y el personal de la parroquia pueden reconfortarse con el hecho de que el director de comunicaciones diocesano normalmente prefiere ser él o ella quien hable con el reportero, no tú.

Se deben integrar planes de gestión de comunicación en los planes generales de crisis de la parroquia. No esperes a que se produzca una catástrofe natural o una tragedia humana para empezar a buscar los números de teléfono esenciales o a averiguar cómo enviar comunicados por correo electrónico. En estos casos, los medios de comunicación seculares – especialmente la radio, la televisión y las redes sociales – pueden ser tu mejor aliado para difundir información rápidamente.

El canal de comunicación diocesano pasa a veces desapercibido entre la gran cantidad de medios de información actuales. Es posible que tus feligreses ya reciban el periódico diocesano. No es poco razonable concluir que su contenido, o el contenido del sitio web diocesano y de sus redes sociales, se ajuste a las necesidades o intereses de tus feligreses, que pudiera complementar el contenido propio de la parroquia y ser aprovechado para atraer a gente a tu parroquia, ya sea en persona o a través de tus canales de comunicación. *Theology on Tap*, por ejemplo, es un programa dirigido a jóvenes católicos que tal vez estén buscando un hogar parroquial. Sigue los canales de las redes sociales diocesanas que promueven los eventos de *Theology on Tap*, y luego proporciona publicaciones que informan a los jóvenes sobre los eventos de tu parroquia que puedan ser de su interés.

Como ultima reflexión: las palabras "comunicación", "comunidad" y "comunión" comparten una raíz común. Como escribió el papa Francisco en el mensaje del Dia Mundial de las Comunicaciones Sociales de 2014, "comunicar bien nos ayuda a acercarnos más, a conocernos mejor y, en definitiva, a crecer en unidad".

Nuestro deseo de comunión debería obligarnos a ser no solo buenos comunicadores, sino *buenos* comunicadores del *evangelio*. Nuestra comunidad no merece menos.

Notas finales

1. Mensaje del Santo Padre Francisco para la XLVIII Jornada Mundial de las Comunicaciones Sociales, *Comunicación al servicio de una autentica cultura del encuentro*, 1 junio 2014, https://www.vatican.va/content/francesco/es/messages /communications/documents/papa-francesco_20140124_messaggio-comunicazioni -sociali.html.

2. Mark Gray y Mary Gautier, *Catholic New Media Use in the United States, 2012* (Washington, DC: Center for Applied Research in the Apostolate [CARA]).

3. Mensaje de Su Santidad Benedicto XVI Para la XLIII Jornada Mundial de las Comunicaciones Sociales, *Nuevas tecnologías, nuevas relaciones: Promover una cultura de respeto, de diálogo, de amistad*, 24 mayo 2009, https://www.vatican .va/content/benedict-xvi/es/messages/communications/documents/hf_ben-xvi _mes_20090124_43rd-world-communications-day.html.

4. Mensaje de Su Santidad Benedicto XVI Para la XLI Jornada Mundial de las Comunicaciones Sociales, *Los niños y los medios de comunicación social: un reto para la educación*, 20 mayo 2007, https://www.vatican.va/content/benedict-xvi/es/messages/communications/documents/hf_ben-xvi_mes_20070124_41st-world-communications-day.html.

5. Mensaje del Santo Padre Francisco para la XLVIII Jornada Mundial de las Comunicaciones Sociales, *Comunicación al servicio de una auténtica cultura del encuentro*.

6. USCCB, Social Media Guidelines, https://www.usccb.org/committees/communications/social-media-guidelines.

Competencia Intercultural Para el Ministerio: Trazando el Mapa del Camino a Seguir

Allan Figueroa Deck, S.J.

Para un libro que pretende ser una "caja de herramientas", es decir, un recurso práctico para enfrentar desafíos complejos con ayudas útiles y accesibles para remediar la situación, este capítulo podría parecer al principio bastante teórico. Lo único que puedo decir es que soy un gran creyente en lo que dijo una persona sabia hace mucho tiempo: "Nada es más práctico que una buena teoría". Es necesario abordar la competencia intercultural desde una perspectiva teórica y práctica más penetrante y comprensiva, porque lo que está en juego, en realidad, es una comprensión más profunda de la identidad y misión de la Iglesia católica, que va más allá del mero pragmatismo. ¡Se trata de lo que hacemos, pero también de lo que somos y llegamos a ser! La realidad de la globalización, las migraciones, el comercio, las comunicaciones y la lucha por la dignidad humana tienen implicaciones para las entidades más básicas de la comunidad cristiana hoy—tanto para cada cristiano individualmente como para la familia, la parroquia, la diócesis, el movimiento apostólico, la escuela, o la organización católica. Por lo tanto, las mentalidades, los corazones y el conjunto de habilidades en el encuentro intercultural se han hecho cada vez más indispensables para la vida, el trabajo y el ministerio alrededor del mundo y la iglesia de hoy. Tanto a nivel nacional como mundial, los temas de guerra y paz, las comunicaciones, los viajes, la migración y los negocios están uniendo a las personas y sus culturas como nunca antes en la historia de la humanidad.

La Iglesia católica seguramente no es ajena a este desarrollo global. Si bien en ocasiones a lo largo de la historia, los católicos no han prestado atención a su propia predicación, cayendo en el etnocentrismo y el racismo, en general la Iglesia ha sido y sigue siendo más que nunca pionera en la sensibilidad intercultural. El mismo término "católico" se refiere precisamente a la misión de la iglesia de acoger a toda la humanidad en el abrazo amoroso de un Dios misericordioso. Un Dios que desea llegar hasta los confines de la tierra en un impulso incesante para *incluir* a todos en lugar de *excluir* a alguien. Hace dos milenios, en uno de los momentos más críticos de la historia de la iglesia naciente, el apóstol san Pablo argumentó que el mensaje del evangelio y la pertenencia a la comunidad cristiana estaban abiertos a todos y que ser un seguidor de Jesucristo no requería suscribirse a normas y costumbres judías ni a las de ninguna otra cultura. La comunidad cristiana estaba fundamentalmente abierta a todos como resultado del *amor universal* de Dios y de la *igualdad radical de todos los creyentes* en y a través del bautismo. De ahí que la vida de la iglesia a todos los niveles – familiar, parroquial, diocesano, regional o universal – siempre se haya caracterizado por *negociar las diferencias*, dar y recibir entre la multitud de culturas y formas de ser, pensar, sentir y actuar de un pueblo. Además, este enfoque de estar en salida, como una comprensión inclusiva de la identidad y de la misión de la iglesia captura la esencia del impresionante programa de reforma eclesial encabezado por el papa Francisco desde el comienzo de su pontificado. En el corazón de esto está la invitación del Santo Padre a renovar la Iglesia y el mundo construyendo culturas de encuentro y diálogo.

Al fin y al cabo, la apertura a la cultura en todas sus manifestaciones y el énfasis en el diálogo fueron rasgos distintivos del Concilio Vaticano II, así como de las refrescantes reformas que está llevando a cabo hoy el papa Francisco en el espíritu de ese concilio cincuenta años después de su clausura. Además, el reconocimiento de la diversidad cultural y la eficacia intercultural llegaron a ser preocupaciones prioritarias para la iglesia de los Estados Unidos de América que los obispos afrontaron y afirmaron directamente cuando establecieron en 2008 el Secretariado de Diversidad Cultural, en el cual serví como primer director ejecutivo. Estos aprendizajes y reflexiones surgen directamente de mi experiencia en el Secretariado en sus primeros años.

Dentro de los cuatro años del establecimiento del Secretariado ocurrieron dos avances importantes: (1) la Convocatoria de la Red de Diversidad Cultural se llevó a cabo en la Universidad de Notre Dame en el 2010, e (2) inmediatamente después de la convocatoria, llega un taller de cinco módulos titulado *Desarrollando la capacidad intercultural de los ministros*

(Building Intercultural Competence for Ministers [BICM]), que fue publicado y difundido en 2012. Hay lecciones prácticas en espera de ser atendidas que se centran en las experiencias, métodos y contenidos de estos dos eventos innovadores. Por eso, en el resto de este capítulo propongo revisar los aspectos más destacados de la Convocatoria de Notre Dame y de los cinco módulos que constituyen el taller BICM, porque brindan información sobre de qué trata la competencia intercultural, dibujan el mapa del territorio a explorar, y también ofrecen muchas lecciones prácticas. Destacaré las características de estas experiencias y recursos que pueden replicarse o adaptarse al creciente número de diversas situaciones pastorales y organizacionales que se encuentran en parroquias y diócesis, así como en escuelas católicas, organizaciones y movimientos apostólicos. Esperamos que aquellos que buscan herramientas prácticas o al menos sugerencias encuentren aquí algo valioso.

Lecciones de la Convocatoria de la red de diversidad cultural

El encuentro de la Universidad de Notre Dame reunió a un grupo selecto de quinientos líderes – laicos, religiosos y clérigos, incluidos varios obispos – de seis familias importantes de católicos de los Estados Unidos: euroamericanos, hispanos/latinos, afroamericanos, asiáticos e isleños del Pacífico, nativos americanos y migrantes, refugiados y viajeros. En el diseño del proceso, se invitó a una amplia gama de participantes a dar su opinión por medio de (a) consultas nacionales iniciales con obispos y con grupos de liderazgo existentes entre las seis comunidades identificadas y (b) encuestas informales de líderes en el campo, es decir, en parroquias compartidas o multiculturales, oficinas diocesanas, escuelas, seminarios y organizaciones católicas. Sin embargo, al asumir el liderazgo en la planificación de la Convocatoria, el Secretariado de Diversidad Cultural tuvo que superar un serio obstáculo de credibilidad. Muchas de las comunidades diversas percibían la propia creación del Secretariado como un ejemplo de un cuestionable énfasis en el "multiculturalismo". Permítanme explicar.

El Secretariado surgió como resultado de la fusión de Secretariados que existían desde hacía tiempo, uno para Asuntos Hispanos y otro para Asuntos Afroamericanos. El nuevo Secretariado fusionó esos dos y agregó otras tres comunidades importantes a su esfera de acción—nativos americanos, asiáticos e isleños del Pacífico, y migrantes, refugiados y viajeros. Una crítica seria y frecuentemente legítima de este enfoque "multicultural", es que limita la necesidad de que la parroquia, diócesis u organización establezca y mantenga *credibilidad* específicamente ante estas diversas comunidades. Cada grupo cultural necesita su propio espacio para reunirse en contextos en los que algunas veces, o incluso frecuentemente, ha sido descuidado, pasado por alto, o se ha sentido impotente o discriminado. Como resultado, hay un papel necesario para lo que algunos llaman silos—espacios donde los distintos grupos se sientan cómodos y puedan procesar sus preocupaciones y acumular la experiencia necesaria para comprometerse con la realidad eclesial y social más amplia *desde una posición de fortaleza* en lugar de una de impotencia. La unidad en la Iglesia, después de todo, no cae del cielo milagrosamente. Sucede como resultado de mucha oración y duro trabajo: actitudes, conocimientos y habilidades que crean comunión a partir de las muchas diferencias de idioma, cultura, clase social y otras formas de diversidad tan características de nuestro tiempo. Al crear el Secretariado para la Diversidad Cultural en la USCCB (siglas en inglés de la Conferencia de Obispos Católicos de los Estados Unidos), los obispos católicos hicieron un juicio prudencial de que había llegado la hora de pasar a un *segundo momento* en la realización de la comunión en la diversidad. Esto requería llevar a líderes creíbles de las comunidades a un diálogo real (dar y recibir) entre ellos y con los obispos y sus representantes, y mantener esta dinámica entre todas las partes involucradas. Uno de los beneficios de pasar a este segundo momento en la construcción de la comunión eclesial es crear la oportunidad para que todos los participantes crezcan en las actitudes, los conocimientos y las habilidades que puedan sustentar un sentido cada vez más profundo de respeto y confianza mutuos.

Una segunda fuente de crítica y preocupación en referencia al impulso hacia el "multiculturalismo" es que debilita la urgente necesidad de identificar y formar líderes creíbles de los respectivos grupos étnicos/raciales. En lugar de tener sus propios líderes reconocidos, a menudo se designa a personas de otros grupos para el liderazgo de estas unidades organizacionales multiculturales. No importa cuán bien intencionados puedan ser estos líderes, no pueden servir como *modelos a seguir* para fomentar un mayor desarrollo del liderazgo en todas y cada una de las diversas comunidades. Haciendo eco de algunas de las mismas preocupaciones aquí señaladas, el Comité de Asuntos Hispanos de los obispos de Estados Unidos en su documento de 2002 titulado "Encuentro y Misión: Un Marco Pastoral Renovado para el Ministerio Hispano", expresó contundentemente la preocupación actual sobre una forma de pensar multicultural equivocada, así como una mentalidad de "talla única".

Los participantes en la convocatoria hablaron con preocupación sobre un modelo "multicultural" que consolida a las minorías bajo una sola oficina, encabezada por un coordinador. Según la experiencia de los participantes, este modelo muchas veces diluye la identidad y visión del ministerio hispano, así como las de otros ministerios étnicos. Puede reducir la eficacia en diócesis, parroquias y organizaciones e instituciones católicas. El liderazgo en el ministerio hispano está particularmente preocupado por la reducción de recursos y un acceso limitado al obispo que podría resultar del establecimiento de oficinas multiculturales. También se expresó la preocupación por la exclusión del ministerio hispano del proceso de toma de decisiones, particularmente en las áreas de presupuestos, planes y programas específicos del ministerio hispano y su impacto en otras áreas ministeriales y en la misión de la iglesia en su totalidad.[1]

En el mismo documento, los líderes del ministerio hispano señalan que el propósito del multiculturalismo es promover la integración y la unidad entre los diversos grupos culturales en la iglesia y la sociedad. Como tal, el multiculturalismo es ciertamente un desarrollo positivo y necesario. Sin embargo, el Comité señala,

> El multiculturalismo. . . ha sido criticado por instigar una mentalidad de "talla única" en el ministerio pastoral al crear una situación en la que todos los grupos se colocan en la misma canasta. Esto puede tener un efecto negativo en comunidades diversas al privarlas del ejercicio de la subsidiaridad y de oportunidades para formar sus propios líderes y desarrollar modelos, recursos e iniciativas pastorales y educativas adecuadas.[2]

Otra crítica al multiculturalismo provino de la comunidad afroamericana, que señaló que el énfasis en las culturas puede eclipsar o erosionar la conciencia del *racismo*, que, a pesar de los avances reales del movimiento de derechos civiles de las décadas de los 60´s y 70´s, sigue siendo una realidad y un tema de grave preocupación para la iglesia y la sociedad. Por todas estas razones, hubo que reducir, si no eliminar, un cierto nivel de incomodidad e inquietud entre los diversos líderes eclesiales de los diversos grupos culturales y raciales, si se quería que el proceso de la convocatoria gozara de un nivel adecuado de credibilidad entre todos los interesados. Por lo tanto, el camino a seguir requería que los encargados de iniciar el proceso, es decir, el Secretariado de Diversidad Cultural, demostraran, en la medida de lo posible, una apertura a todas y cada una de las comunidades raciales/étnicas, así como la capacidad de escuchar, aprender y modelar efectividad intercultural y reciprocidad en cada paso del camino.

Algo que contribuyó significativamente a la creación de un sentido de respeto mutuo entre los diferentes grupos fue la diversa composición y planificación del comité directivo de la Convocatoria de Notre Dame. Quizás aún más importante fue la composición del comité de oración y culto. Era esencial que los diversos grupos realmente se vieran a sí mismos en el programa de oración y culto de la convocatoria, ya que esto establecería el tono para todo lo demás. Se pensó mucho en esto y, en consecuencia, entre los participantes del comité se encontraron excelentes liturgistas y músicos latinos, afroamericanos, asiáticos, nativos americanos y euroamericanos que sabían por experiencia de la vida real cómo combinar elementos de la sagrada liturgia de la iglesia con rituales, símbolos y narrativas de las diversas comunidades, y hacerlo de manera respetuosa, integral, bella e inspiradora.

Tal vez el método más efectivo que se usó al inicio del encuentro fue la *narración de historias*. A cada grupo cultural, incluido el euroamericano o anglo, como a veces se le llama, se le pidió que reflexionara sobre su herencia católica particular y expresara cómo vive su catolicismo a través de rituales, símbolos y narraciones especiales para él. Ocurrió algo muy interesante cuando los grupos se reunieron para discutir sus formas particulares de ser católicos, de hacer realidad la fe y la enseñanza de la Iglesia. Los distintos grupos no-europeos, incluidos los afroamericanos, lo hicieron con entusiasmo y encontraron gran alegría y orgullo al revisar sus costumbres y estilos distintivos de catolicismo.

Sin embargo, a decir verdad, el grupo euroamericano se sentía un poco perplejo. La actividad les pareció algo incómoda o extraña por un par de razones. En primer lugar, debido a que los estadounidenses de origen europeo simplemente estaban acostumbrados a pensar que su forma de ser católico era prácticamente la única forma, ellos eran los "de adentro", por así decirlo, y los otros grupos culturales eran los "de afuera". Esto en sí mismo fue una revelación para el grupo euroamericano, que descubrió que el proceso de convocatoria no asumía simplemente que la forma estadounidense de hacer las cosas era *la* norma, y mucho menos la única forma de proceder, sino simplemente *una* forma en una iglesia que *de facto* es una comunión de diversidad. Los euroamericanos descubrieron lo que es *nivelar el campo* al convertirse simplemente en un grupo entre muchos. La experiencia de ser forastero puede ser una revelación. Quizás otra razón por la que algunos participantes euroamericanos se sintieron "jaloneados" por la experiencia fue que el catolicismo estadounidense está muy motivado por la aplicación de estándares. Es un catolicismo muy post-Tridentino que puede sufrir de rigidez y demasiada organización, estandarización y preocupación por las reglas. Muchas otras formas de catolicismo vividas por personas de otras culturas son más espontáneas y *expresivas*. Aportan a su catolicismo una rica orientación estética, imaginación, colorido, movimiento, afectividad y sentido de celebración. Las tendencias hacia la rigidez y la inflexibilidad, lo que el obispo Robert Barron llama "beigeness" (o color beige, propiamente en español), impiden que algunas formas de catolicismo logren una *evangelización* verdaderamente *inculturada*, que va mucho más allá de simplemente comprometer la mente o cumplir las reglas.

Por lo tanto, la promoción de las competencias interculturales tiene mucho que ver con dar vida a la fe, dando un impulso real a lo que creemos, expresándolo en historias, gestos, rituales y símbolos fascinantes en lugar de reducirlo a la banalidad de normas y prácticas estandarizadas en el nombre de orden u ortodoxia—lo que el papa Francisco llama "convertir la Iglesia en un museo ordenado".

Una pregunta práctica que surgió durante la convocatoria tenía que ver con la necesidad de que cada parroquia, diócesis, escuela y organización se preguntara qué tan dispuesta estaba a tratar a las culturas "de afuera" con respeto e incluso reciprocidad. Sin hacer eso, uno no llega a la primera base en las relaciones interculturales. Se ha observado que a veces un sentido genuino de hospitalidad en las parroquias católicas es sólo superficial. La gente dice "bienvenido", pero le pone una seria condición a esto, a saber: que los recién llegados encajen y se ajusten a la forma de hacer las cosas de la comunidad anfitriona, a sus sensibilidades de clase social u otras distinciones. La verdadera interculturalidad y hospitalidad, en un sentido cristiano al menos, requiere una verdadera apertura *al otro* basada en el amor y la capacidad, tanto de *dar* a los demás, como de *recibir* de lo que tienen para ofrecer. No se trata simplemente de una cuestión de tolerancia o de "darle al otro por su lado para llevarse bien". Durante la convocatoria, esta comprensión marcó destacadamente la interacción entre todos los grupos culturales.

Trazando el camino hacia la competencia intercultural: Qué hacer

La primera parte de este capítulo ha intentado transmitir la idea de que el crecimiento de la competencia intercultural requiere una reflexión y una planificación cuidadosas, pero sobre todo un *cambio de actitud*. Responder a la diversidad en la propia parroquia o en la diócesis no es solo una cuestión de "ser amable" con los demás o participar en un tipo de hospitalidad superficial. Esta segunda parte describe estrategias y actividades específicas que son profundamente *desafiantes* porque promueven el crecimiento de las habilidades y características cognitivas, afectivas y de conducta que apoyan la interacción efectiva y apropiada en diversos contextos culturales. Requieren un cambio de mentalidad y enfoque en las situaciones concretas en las que se lleva a cabo el ministerio. Algunas de estas recomendaciones son generales, otras más específicas, pero todas requieren imaginación y capacidad de riesgo, o lo que al papa Francisco le gusta llamar "salir", dejando la seguridad de la sacristía por los peligros de la calle y el riesgo de "tener un accidente".

Un punto de partida es simplemente formular, reflexionar y compartir respuestas a preguntas clave que afectan a la profundidad y la calidad de la respuesta individual o colectiva a los desafíos de los encuentros interculturales. Los límites de espacio de este capítulo no me permiten desarrollar completamente estas sugerencias para la acción, pero sí brindan la oportunidad de resaltar al menos algunos de los contenidos y métodos prácticos encontrados en el taller BICM de la USCCB mencionado anteriormente. En primer lugar, examinaré la importantísima cuestión de la actitud—lo que se ha llamado *disposición del corazón*. En segundo lugar, describiré qué tipo de conocimiento o *mentalidad* se debe adquirir y mejorar. Y tercero, resumiré algunas habilidades prácticas o *conjuntos de habilidades* requeridas para la efectividad intercultural. Estas tres categorías proporcionan las *herramientas analíticas* para evaluar adecuadamente qué hacer, por dónde empezar y hacia dónde se quiere ir en el desarrollo de la sensibilidad intercultural.

Desarrollar las actitudes adecuadas

1. *Curiosidad*: La literatura sobre competencia intercultural insiste en que una de las actitudes más importantes y necesarias para involucrar a otros, *a cualquier* otro, es la curiosidad. Por extraño que parezca, los esfuerzos para desarrollar capacidades interculturales suben y bajan con base a esto. Sin un verdadero deseo de *experimentar y conocer la realidad del otro*, los esfuerzos por llegar a los demás en cualquier forma simplemente se ahogan. La triste verdad es que algunas personas simplemente carecen de curiosidad y, por lo tanto, permanecen encerradas en la autorreferencia y, permítanme usar la palabra adecuada, en la *ignorancia*. (Mi padre solía decir: "¡La ignorancia es dicha!"). En un mundo cada vez más diverso, por distintas razones, hay muchas personas que no pueden afrontar lo que im-

plica acercarse a la gente. Esta disposición del corazón debe ser cultivada si la parroquia, la diócesis o la Iglesia en general han de convertirse alguna vez en una fuerza real para la evangelización.

2. *Predisposición, prejuicios, estereotipos y racismo:* He aquí cuatro complicadas actitudes o formas de sentir y pensar que a menudo crean obstáculos insuperables y separan a las personas unas de otras. Estas orientaciones dañinas son a menudo, si no por lo general, mantenidas por personas de una manera inconsciente y no analizada. Por extraño que parezca, cuanto más religiosas son las personas, más arraigadas pueden estar estas negatividades. El Módulo 4 de BICM desarrolla este tema y proporciona actividades grupales sencillas que ayudarán a los ministros a identificar y moderar estas tendencias tóxicas, pero profundamente arraigadas en todos los seres humanos. Mantener estas actitudes es como intentar 'tapar el sol con un dedo' en nuestros ambientes eclesiales. Una de las primeras actitudes que hay que superar es la que sugiere que, por ser una comunidad eclesial de fieles, buenos cristianos, no es posible que tales tendencias negativas se encuentren en nosotros. Sin embargo, el reconocimiento de estas tendencias negativas es tan importante para la comunidad cristiana en todos los tiempos y lugares porque pone carne y hueso a nuestra afirmación sobre la realidad de nuestro propio pecado personal y cómo el pecado funciona estructuralmente en la Iglesia como una institución y también en la sociedad civil.

3. *Convivir con la ambigüedad:* Ni que decir tiene que el exponerse a la realidad de las diferencias culturales significa enfrentarse al hecho de que los seres humanos se enfrentan a todo tipo de situaciones importantes de la vida en una variedad de formas que incluso pueden parecer extrañas y desconcertantes. Las personas generalmente quieren respuestas claras y directas y se sienten incómodas con lo que sea diferente o extraño. Las diferencias de idioma, raza, cultura, ideología política y clase social a menudo provocan miedo. La competencia cultural requiere la capacidad de vivir con estos miedos y extrañezas – viene con el territorio – en una iglesia y un mundo globales. La unidad en la parroquia o la iglesia no es el resultado de negar o rechazar estas diferencias, sino de trabajar a través de ellas para lograr la comunión en la *diversidad* en lugar de la comunión en la *conformidad*.

Desarrollando nuestro conocimiento

1. *Cultura:* Entender lo que se define como cultura es la clave más importante para captar la comprensión contemporánea de la iglesia sobre su

identidad y misión hoy. Demasiados buenos católicos, incluidos algunos líderes de la iglesia, parecían sentirse desafiados por la concepción antropológica de la cultura como "la forma de pensar, sentir y actuar compartida por un pueblo". Comprender la religión depende de comprender la cultura porque la cultura es "la forma en que los seres humanos somos quiénes somos y lo que somos". En el corazón de esta idea de cultura se encuentran las historias, los rituales y los símbolos que son los poderosos *componentes básicos del significado* en la vida de las personas. El Módulo 2 de BICM proporciona una descripción general práctica de este conocimiento fundamental para apreciar por qué la comprensión de las culturas y cómo funcionan es tan esencial para la *evangelización inculturada—*la misión de la iglesia.

Sin embargo, además del concepto amplio de cultura, las sensibilidades interculturales requieren un conocimiento más profundo de cómo las diversas culturas piensan sobre sí mismas y el mundo que las rodea. Por ejemplo, ¿adoptan un enfoque *colectivista* o *individualista* de la experiencia humana? ¿Son más femeninos o masculinos en la forma en que abordan la experiencia y la toma de decisiones? ¿Aprecian la jerarquía o los "órdenes jerárquicos", o prefieren arreglos igualitarios que nivelen las diferencias entre generaciones, géneros, ricos y pobres, etcétera? Otra característica definitoria de las culturas es si exhiben y honran las costumbres y normas del pasado de la comunidad, de los ancestros. ¿O son modernos o posmodernos, orientados hacia el futuro e inconscientes o despreocupados de mantener los valores del pasado? ¿Cómo se relacionan las diversas culturas con el tiempo? ¿Se valora la puntualidad o las relaciones son tan importantes que superan la puntualidad?

2. Experiencias de inmersión e idioma: Finalmente, es importante un conocimiento de otras culturas, idiomas y religiones aprendidas mediante estudios formales o encuentros personales. La experiencia personal – a menudo como resultado de tomar riesgos – es la forma más importante de crecer en la sensibilidad intercultural. Se pueden obtener *experiencias de inmersión*, por ejemplo, viajando dentro o fuera de los Estados Unidos, pero también brindando especial atención a los lugares donde las diversas culturas prosperan justo a nuestro lado prácticamente en todos los centros metropolitanos y suburbanos de los Estados Unidos. Ni la territorialidad de la parroquia o diócesis, ni la audiencia limitada de las escuelas, organizaciones y movimientos católicos exonera a ninguna de esas entidades particulares de la Iglesia de la misión de llegar a la gente y ser lo más inclusiva posible.

Desarrollando habilidades

1. *Habilidades de comunicación*: La comunicación efectiva exige que realmente se conozca a la persona a la que va dirigida. Se debe saber, por ejemplo, si la persona o el grupo al que se dirige pertenece a una cultura individualista o colectivista. Aún más pertinente es lo que sucede cuando una cultura individualista como la de los Estados Unidos se encuentra con culturas colectivistas como las de Asia, África y América Latina. La cultura individualista ve la vida como un proceso de avance de la persona individual, mientras que las culturas colectivistas la ven como una cuestión de promover el bienestar de la familia y la comunidad, no del individuo. La extensión de este artículo no me permite entrar en todas las profundas diferencias entre estos dos tipos de culturas. El taller de la BICM brinda una visión más integral. Baste decir aquí que el desconocimiento de estas diferencias puede conducir a grandes errores por parte de los sacerdotes y ministros laicos, junto con fallas en la comunicación, la persuasión y el liderazgo efectivos.

2. *Gestión de la reputación*: De las diferencias entre las culturas colectivista e individualista surge el asunto de la "reputación". Salvar la reputación es una preocupación importante en muchas culturas asiáticas, así como en otras culturas tradicionales como la africana y la latinoamericana. Esto implica actitudes hacia los ancianos y antepasados, así como hacia la jerarquía y la autoridad. Las cuestiones de las relaciones de género también pueden ser parte de esto. La sensibilidad intercultural exige un nivel básico de exposición y conocimiento sobre cómo funcionan e interactúan todas estas sensibilidades culturales complejas en el mundo actual.

3. *Conducir reuniones/tomar decisiones*: Aquí están involucradas actitudes contradictorias sobre el objetivo de las reuniones. Las culturas tradicionales no las consideran primordialmente como "lograr algo". Más bien, las reuniones son principalmente para el cultivo de las relaciones humanas en sí mismas. Este es el contraste entre las culturas que enfatizan el *hacer* (nuestro mundo desarrollado moderno y posmoderno) y otras que se enfocan en el *ser*. Esto no es una cuestión de correcto o incorrecto; se trata simplemente de diferencias. En la toma de decisiones, las culturas modernas tienden hacia un enfoque *democrático*, "se vota y la mayoría gana", mientras que muchas culturas tradicionales colectivistas, prefieren un enfoque de *consenso* que trata de no dejar a nadie fuera.

4. *Liderazgo y resolución de conflictos*: En las culturas modernas e individualistas, los líderes se eligen porque pueden "hacer las cosas". En

algunas culturas colectivistas los líderes son elegidos por la *relación* que tienen en razón de su edad o herencia familiar, rango o estatus. Los enfoques sobre el conflicto varían de culturas individualistas a colectivistas. Las culturas individualistas ven los conflictos en términos de problemas y buscan abordar las diferencias directamente. Las culturas colectivistas se fijan primero en las relaciones, no en los problemas, porque el resultado más deseado no es resolver un problema u otro, sino mantener la buena reputación del grupo. Por lo tanto, ser directo en la comunicación propia puede ser inapropiado e ineficaz.

Conclusión

Navegar por la compleja realidad de las culturas no es solo, o principalmente, una cuestión de habilidades, sino de actitud y espiritualidad. Se necesita *conversión* a la realidad del otro; se necesita verdadera motivación. El papa Francisco está haciendo su parte con su revolución, sacudiendo las cosas con sus llamadas a una iglesia *inclusiva* en lugar de exclusiva, una que siempre acoge y da la bienvenida a los demás. Pero tal alcance tiene consecuencias. Entre ellas está la necesidad de hacer nuestra tarea y poner manos a la obra. Estas páginas se han enfocado en herramientas analíticas y algunas sugerencias prácticas sobre cómo hacerlo.

La cultura del encuentro y del diálogo propuesta por el papa Francisco es tan antigua como el mismo evangelio. Nuestro intrépido papa argentino no inventó la idea de la centralidad absoluta del encuentro y el diálogo para el bienestar de la iglesia. Estas realidades tienen todo que ver con el Dios trinitario y encarnado que hemos llegado a conocer en Jesús de Nazaret. En este momento de la historia humana, la Iglesia católica, precisamente por ser "católica", está siendo invitada y desafiada como nunca por este papa "desde los confines de la tierra" a dar testimonio del amor universal de Dios dando ejemplo de sensibilidad y de competencia intercultural. Las condiciones están más que maduras para hacerlo. La Iglesia católica en los Estados Unidos tiene un papel privilegiado en la respuesta a este desafío, dada la apertura histórica a los inmigrantes y refugiados que es una de las corrientes más profundas y auténticas de nuestra identidad católica y estadounidense.

Notas finales

1. "Encuentro and Mission: A Renewed Pastoral Framework for Hispanic Ministry," en *A New Beginning: Hispanic/Latino Ministry—Past, Present, Future* (Washington, DC: USCCB, 2012), 69.

2. *Desarrollando la capacidad intercultural de los ministros* (Washington, DC: USCCB, 2012), 42. Otro recurso excelente es *Mejores prácticas en parroquias compartidas: Para que todos sean uno* (Washington, DC: USCCB, 2013).

7

Unidad en la Diversidad

Arturo Chávez, PhD

La composición cada vez más multicultural de nuestras iglesias es una realidad moderna, y sus implicaciones para el ministerio pastoral o sacerdotal son enormes. En realidad, la diversidad ha sido parte de la Iglesia católica desde sus orígenes. Y ahora, dos mil años después, podemos ver que algunas veces hemos respondido correctamente, y otras veces no. Esto presenta muchos desafíos, así como muchas oportunidades para ustedes como pastores.

Probablemente tú ya estés viviendo con otros sacerdotes, o en una comunidad de sacerdotes, de otros países. Y esta gran unión tiene implicaciones a múltiples niveles—en nuestro ministerio, en nuestro trabajo y en nuestra vida cotidiana. La verdad es que todos necesitamos desarrollo y formación permanente como ministros.

Parece que, hoy en día, todos hablan de cultura, y todos intentan ponerse al día sobre lo que eso significa para el futuro. Un sector que lleva décadas prestando mayor atención a la cultura y que toma muy en serio sus desafíos y oportunidades, particularmente desde el punto de vista del marketing, es el empresarial. Y, por lo tanto, tengo la intención de aprovechar la sabiduría de ese sector en esta presentación.

Aquí en los Estados Unidos, nuestra Iglesia y nuestros obispos nos están pidiendo que prestemos atención a la cultura, pero no principalmente como ejercicio académico. Eso no quiere decir que la Iglesia no fomente el rigor académico cuando se trata de prepararse para el ministerio en un entorno cultural diferente. Pero un estudio académico de la cultura no es suficiente para responder a la llamada del evangelio a proclamar la Buena Nueva de

Jesús a todas las naciones. Más bien, los obispos y nuestra Iglesia, durante los últimos dos siglos, nos han estado pidiendo que veamos la conexión y la interacción de la cultura y la fe. Y así como la gracia supone la naturaleza, llegamos a conocer el evangelio, llegamos a escuchar la Buena Nueva en un idioma particular en que está enraizada una cultura concreta. Ahí es donde Dios viene a nosotros en lo que somos y nos ama por lo que somos y por cómo somos en el mundo. Dios no discrimina entre culturas; a los ojos de Dios, no hay una cultura perfecta.

Según esta definición, la cultura es un don heredado de nuestros antepasados, de generación en generación. Sin embargo, muy a menudo, especialmente en el trabajo que realizan como sacerdotes y pastores, la cultura surge como un desafío, como un "problema". ¿Cómo vamos a lidiar con esto? ¿Cómo vamos a resolver este problema de la diversidad, en lugar de trabajar desde la premisa de que la cultura es un don?

Hay muchas personas, como mi bisabuela, que vinieron de Europa y se mudaron a México cuando se entregaban tierras a los colonos para ampliar las fronteras. Y estas personas se mezclaron con las que ya estaban en la tierra, haciendo de los latinos una mezcla de culturas.

Les menciono esto porque, en realidad, no nacemos *con* una cultura. Nacemos *en* una cultura. Esa cultura nos fue dada. De una manera muy real, es nuestro paisaje interior, el paisaje de nuestra alma. Gran parte de la cultura es adaptarse a un entorno, adaptarse a un lugar y una época. Y les puedo asegurar que ese proceso funciona. Se sigue transmitiendo de una generación a otra.

Al mismo tiempo, sin embargo, la cultura es dinámica. En otras palabras, ser mexicano, o mexicoamericano es muy diferente para mí de lo que fue para mi madre o mi bisabuela. Y es diferente para mis dos hijas ahora, una de dieciséis años y la otra de catorce.

Por lo tanto, la cultura es el núcleo de nuestra identidad. Al igual que nuestro desarrollo psicológico y la formación de nuestra identidad, sucede en nuestros primeros años y se convierte en una parte integral nuestra. Y aunque podemos cambiar muchos aspectos de nuestra identidad, hay otros aspectos que permanecen constantes a lo largo de nuestras vidas. La cultura es uno de ellos. Influye en todo lo que hacemos y en cómo nos relacionamos con el mundo. Sin embargo, es una parte tan intrínseca de nosotros, que ni siquiera somos conscientes de ella. Es como el aire que respiramos.

Fricción cultural

Lamentablemente, la forma en que solemos conocer las culturas de otras personas es topándonos con ellas, viéndolas a todas en la misma banca el domingo por la mañana, por ejemplo. Y estos encuentros a veces adoptan la forma de choques culturales, en lugar de celebraciones culturales. No tenemos la oportunidad de aprender sobre las creencias y valores de la otra persona en ámbitos como el significado de la belleza y la limpieza, y su sentido del espacio y el orden.

Para dar un ejemplo de esto último, en el Mexican American Catholic College, todas las habitaciones tienen dos buenas camas. Y todos los huéspedes tienen la opción de ocupar una habitación doble o individual. Inevitablemente, la mayoría de las personas de culturas que no son latinas eligen la habitación individual – quieren su espacio, aunque sea por una noche – mientras que aquellos de nosotros de origen latino, especialmente los laicos, a menudo queremos habitación doble. Queremos tener un compañero de habitación, alguien con quien podamos hablar y compartir nuestras experiencias.

El mensaje importante aquí es que, la mayor parte del tiempo, no es mejor una forma cultural específica que otra. Ambas tienen puntos fuertes, ambas tienen limitaciones. Una vez más, la cultura es nuestro reloj interior; fue activada por nuestros antepasados. Puedes venir de una cultura en la que perder el tiempo está mal visto. El tiempo es dinero y debe ser tratado como tal. Y así, tu comprensión del tiempo es muy exacta. Tiendes a ser muy previsor. Por otro lado, hay muchas culturas donde la medición del tiempo es mucho más cíclica. Se basa más en experiencias y relaciones – tanto pasadas como presentes – que en el dinero y el futuro.

Hay situaciones, por supuesto, en las que estas orientaciones culturales distintas entran en conflicto. Podría suceder dentro de tu consejo parroquial. Digamos que he programado una reunión del consejo para las 7 p.m. Espero que la gente sea puntual, para poder terminar la reunión a tiempo. Y la mayoría de los miembros del consejo cumplen. Excepto por una pareja—que proviene de una cultura donde el tiempo se centra principalmente en las relaciones y no en el dinero. Su sentido del tiempo es mucho más relajado y aparecen a las 7:40 p.m., mucho después que la reunión haya comenzado. Entran sonrientes, me ofrecen un cálido saludo, saludan a los demás con un abrazo y toman asiento. ¿Cuál es mi reacción? Bueno, estoy hirviendo por dentro. Pero, al mismo tiempo, sé que no devolver el saludo se interpretaría como extremadamente grosero en la cultura de estas personas, especialmente si son mayores y si pasan frente a mí. De hecho, la razón por la cual están aquí es porque *yo estoy* aquí—porque les pedí que vinieran. Así que me trago mi enojo y hago lo culturalmente correcto: les devuelvo la sonrisa y les doy la bienvenida a la reunión.

Comunicándose a través de la cultura

Como pueden ver, este tipo de protocolos culturales a menudo se expresan en la forma en como nos comunicamos—ya sea con o sin palabras. Entonces, las expresiones con las que crecemos se convierten en pequeñas verdades dentro de nosotros. Permítanme explicarles a lo que me refiero.

Al estar entre culturas, como es mi caso – incluyendo la cultura mexicana, la americana y la juvenil – fundé una organización en San Antonio para ayudar a sacar de las calles a niños, sobre todo a los de las pandillas. Parte de nuestro programa fue diseñado para reunir a personas de diferentes culturas en un espíritu de unidad y amistad. Aprendimos mucho sobre nosotros mismos y aprendimos mucho los unos de los otros. Un día, estábamos en una reunión de personal, y comenzamos a hablar sobre un problema que había surgido. En medio de la discusión, dije: "¿Saben qué? Tenemos que cortar este problema en el trasero" (Nip it in the butt en inglés). Bueno, los mexicanos a la mesa estaban totalmente de acuerdo, asintiendo con la cabeza, mientras que los miembros blancos del personal – solo había un par de ellos – parecían perplejos. Uno de ellos, de quien me había hecho buen amigo, se me acercó después de la reunión y me dijo: "Arturo, creo que lo que quisiste decir en la reunión fue 'cortarlo de raíz' (Nip it in the bud, con una d en inglés)".

Ahí es donde la distinción cultural entra en juego. Recuerden que crecí en un vecindario difícil donde la mayoría de la gente tiene perros para protegerse. Por lo tanto, "cortarlo en el trasero" tenía mucho sentido para mí y para mis amigos, mientras que "cortarlo de raíz" no tenía sentido en una cultura como la nuestra que ama las flores. Así que, de nuevo, la cultura influye en cómo nos comunicamos y cómo interpretamos los modismos y dichos.

Del mismo modo, el tono y el volumen que adoptamos al comunicarnos tiene distintos significados culturales. Es posible que vayas a la casa de un feligrés para cenar y te sorprenda que los miembros de la familia hablen entre sí muy fuerte y gesticulando agitadamente. Parecen estar discutiendo entre sí, y comienzas a preguntarte de dónde viene todo ese enojo. No es hasta que te encuentras con el feligrés una semana después y expresas tu consternación que él te dice que no hay ningún tipo de enojo en absoluto dentro de la familia. "Así es como hablamos, padre", dice. "No te lo tomes demasiado en serio". Por otro lado, es posible que te inviten a una cena con otra familia donde nadie dice una palabra; simplemente no se están comunicando. Y pensando como párroco, te preguntas cómo vas a lograr que esta familia se reconcilie. Resulta que se llevan bien. Simplemente no hablan mucho durante la cena. En su cultura, el silencio significa algo completamente diferente.

Esto me lleva de vuelta al punto de partida: el nexo entre cultura y religión. Cómo nos sentimos acerca de Dios—cuándo, dónde y con qué frecuencia nos relacionamos con Dios. Cada uno de ellos está vinculado a nuestra cultura, a cómo nos relacionamos culturalmente con lo divino. En algunas culturas, nuestra religión y nuestra fe son tan importantes que sentimos que tenemos que hablarles a todos sobre ellas. Tenemos que hacer que otros se conviertan en uno de nosotros tocando sus puertas, repartiendo volantes y convirtiéndolos a nuestra religión. En otras culturas, la religión y la fe son tan sagradas, tan especiales, que a nadie más se le permite entrar. Tienes que nacer en ella.

En el mundo empresarial, Edward T. Hall ha influido en muchos estudios interculturales.[1] Le encanta comparar la cultura con un témpano de hielo. Todos estamos familiarizados con el dicho: "Eso es solo la punta del iceberg", que refleja el hecho de que la mayor parte de la masa se encuentra debajo de la superficie del agua, invisible para las personas. Y lo mismo ocurre con la cultura, según Hall. Está la parte que podemos ver, saborear y sentir, la parte que nos enseñaron; por ejemplo, cómo bailar una danza en particular, cómo celebrar un cumpleaños o cómo presentarnos a las personas usando los nombres de nuestros antepasados.

Pero la gran parte de la cultura es invisible, el reino submarino de los valores, actitudes, mentalidades y espiritualidad. Especialmente con la espiritualidad, entramos en el reino de lo interno, lo inconsciente, lo implícitamente aprendido. Alguien puede preguntarte: "¿Dónde aprendiste eso?" y tú respondes: "No lo sé". En verdad, no hay respuesta. Eso es lo que significa ser mexicano, o alemán, o francés, o lo que sea tu cultura.

Todo eso es genial y bueno. Pero ¿qué sucede cuando tu cultura se roza con la mía y dos personas de culturas totalmente diferentes se enfrentan cara a cara? Según Hall, ésta es la definición de un choque cultural, y no ocurre en la parte externa del iceberg, sino en el turbio reino submarino.

Así es como puede suceder la fricción. Como párroco, puedo pensar exteriormente que amo a este grupo de nuevos feligreses; son tan alegres, tan amistosos, pero interiormente, estoy molesto porque no vienen a misa a tiempo. O exteriormente, puedo apreciar a un matrimonio en nuestra parroquia porque son tan profesionales, muy organizados, pero interiormente desconfío de ellos porque parecen tan fríos: nunca me dan la mano o me miran a los ojos.

Construyendo unidad desde la diversidad

¿De dónde vienen estos sentimientos? Sé que soy una buena persona y que no quiero sentirme así ni ser hipócrita. Lo que la Iglesia y los obispos de los Estados Unidos nos dicen es que estas confrontaciones culturales – o choques culturales, como los llama Hall – son momentos muy valiosos y oportunos en nuestras vidas. Porque es a través de estas interacciones, a menudo dolorosas, cuando tenemos una oportunidad de conversión en la que, si estamos atentos, nos encontraremos con Jesucristo y tendremos la oportunidad de construir la unidad desde la diversidad, no a pesar de ella.

En su exhortación apostólica a la Iglesia en América, el papa Juan Pablo II nos llamó al encuentro con Jesucristo vivo.[2] Este encuentro pone en marcha un proceso que nos conduce a una mayor conversión, la cual nos lleva a una comunión más profunda, que lleva a una solidaridad o unidad global más allá de las fronteras geográficas y culturales. El problema es que no puedes llegar a la parte de unidad sin experimentar primero la conversión.

La gente tiende a pensar en la conversión como un giro dramático: el ciego que ahora es capaz de ver, o el criminal que se convierte en un ciudadano modelo. Para la mayoría de nosotros, sin embargo, la conversión es otra forma de expresar el crecimiento continuo. Por lo general, el verdadero crecimiento implica algo de dolor, algo de vulnerabilidad, algo de desprendimiento. A menudo significa poner en suspenso mi agenda, detener mis juicios.

Los obispos han planteado aquí algunas preguntas fundamentales. En primer lugar, ¿será posible que nuestros corazones estén abiertos a los demás, particularmente a aquellos que son muy diferentes de nosotros? Y, en nuestro encuentro con los demás, ¿estaremos abiertos a la experiencia de conversión, o lo que es igualmente importante, a los procesos de cambio y crecimiento? Como dice el refrán, el cambio es inevitable, pero el crecimiento es opcional. Y esa es la opción que estamos llamados a tomar—la opción de una conversión permanente.

¿Cómo se lleva a cabo la conversión?

Sabemos que es un proceso y que generalmente comienza con una etapa que la antropología denomina como "etnocentrismo". El etnocentrismo es básicamente la suposición de que todos ven el mundo como yo. Es como una habitación llena de espejos, en la que solo me veo a mí mismo. Si eres como la mayoría de las personas, tiendes a rodearte de otros que son como tú. Esto es especialmente cierto en nuestros primeros años. Se ven evidencias de ello en todas partes: en las escuelas, por ejemplo, o incluso en la parroquia cuando tienes una cena y los mexicanos, los negros y los filipinos se sientan en sus respectivos grupos. Es natural que nos atraigan las personas que son como nosotros. Así es como comenzamos la vida. No conocemos otro camino.

Etapas del desarrollo cultural

Pero ¿cómo superamos el etnocentrismo? El sociólogo Milton Bennett ha identificado varias etapas, a las que se refiere como el desarrollo de la sensibilidad intercultural.[3]

La primera etapa consiste en negar que existan las diferencias. Tal vez no hemos salido de nuestro vecindario y, por lo tanto, no hemos estado expuestos a otras nacionalidades y formas de vivir. Así pues, la negación es la creencia de que las diferencias simplemente no existen. Y si existen, son algo que debe cambiarse o suprimirse. En el Mexican American Catholic College, por ejemplo, se reciben muchas llamadas de sacerdotes – generalmente animados por obispos – preguntando si tienen un programa de erradicación de acento para los nuevos sacerdotes de países extranjeros. Sin embargo, nunca lo llamamos erradicación del acento, aunque la literatura lo hace. Nos referimos a él como "perfeccionar la pronunciación del inglés americano".

La siguiente etapa importante del desarrollo cultural es la que Bennett identifica como la etapa de defensa. Él lo resume de esta manera: si eres diferente, eres malo. Aquí hay un ejemplo. Digamos que tienes una noche de comida internacional en tu parroquia, en la que todos traen un plato de su país. Caminas por las distintas mesas y alguien te pide que pruebes su especialidad. Echas un vistazo al plato y se te revuelve el estómago. Así que dices muy cortésmente: "No, gracias. Realmente no tengo hambre".

Lo que realmente estás diciendo es: "No me gusta tu comida, así que paso". Pensándolo bien, a menudo adoptamos el mismo enfoque de mente

cerrada hacia las personas que se comportan de manera diferente a nosotros. Puede ser que no seamos conscientes de ello, pero de todos modos
lo hacemos. Estamos en piloto automático. Adoptamos la actitud de que,
si las personas vienen a los Estados Unidos, deberían convertirse en estadounidenses (lo que sea que eso signifique) y hacer lo que hacen los
estadounidenses. Deben dejar atrás su cultura y su idioma. No estamos
abiertos al "otro".

Una consecuencia de esta actitud negativa es la noción de que la cultura
y las diferencias culturales son problemas o desafíos que nos desvían de
asuntos más importantes. Por ejemplo, podemos recibir una solicitud de un
pequeño grupo de feligreses para celebrar una misa en coreano y nosotros
mismos pensar: tienen que estar bromeando. ¿Cómo vamos a lograrlo? O
podemos quejarnos de otro grupo de miembros de la iglesia que quiere
que traduzcamos al español nuestras directrices sobre quién puede recibir
la comunión. "Ésta no es la razón por la que me hice sacerdote," te dices
a ti mismo. Ya estás abrumado con tu ministerio, y ahora se espera que
asumas la carga adicional de la diversidad cultural.

Otra consecuencia desafortunada de la etapa de defensa es la creencia
por parte de los miembros de culturas distintas o minoritarias – particularmente los niños – de que es debido a que ellos son diferentes, *son*
malos. Y que otras personas son buenas. Comienzan a pensar en que, si
renuncian a su idioma, si cambian su nombre de Arturo por el de Arthur,
o de Ricardo por el de Richard – si esencialmente abandonan su cultura
– tal vez sean aceptados.

A continuación, entramos en la etapa de desarrollo cultural que Bennett
llama minimización. Se trata de superar las etapas de negación y defensa y
llegar a una comprensión y una apreciación de que los demás *de hecho* tienen
culturas distintas. Y es tratar de controlar estas culturas identificando lo que
hay del iceberg bajo el agua—cuáles son sus valores, por ejemplo, y cómo
ven el concepto de tiempo. Sobre todo, minimizar significa ir más allá de
los estereotipos y las diferencias que pueden crear conflictos entre culturas.

Cuando viajo por el país, la gente se me acerca de vez en cuando y me
dice: "¿Eres mexicano? Pensaba que todos los mexicanos eran bajitos". Ya
no me ofende, porque para mí es algo positivo, un reconocimiento de que
están superando el estereotipo de cómo es un mexicano.

Como católicos, nuestra meta es la unidad y la cohesión, el conocimiento de que todos somos hermanos y hermanas en Cristo. Una imagen
útil para mí es una simple habitación. En lugar de estar llena de espejos,
en donde vemos el mundo de una sola manera – a nuestra imagen – esta

habitación está llena de puertas. Si salimos, hay muchas direcciones en las que ir, muchas formas diferentes de ver el mundo. Y, sin embargo – aquí está la parte importante – siempre tenemos la posibilidad de regresar a nuestra habitación. Esa es la pieza cultural que continúa viviendo dentro de nosotros, aunque cambiemos, incluso cuando nos adaptemos a otras culturas.

Por tanto, a través de la minimización, comenzamos a hacer ajustes, a aceptar diferencias tanto en los valores como en el comportamiento de otras personas, y decidimos no apresurarnos a juzgar a otras personas. El hecho de que alguien no haya dicho una palabra en una reunión o se siente con rostro serio al fondo de la iglesia durante nuestra homilía no significa que esté enojado o aburrido. En su cultura, puede ser simplemente su forma de brindarnos toda su atención.

La última etapa: integración cultural

Por último, comenzamos a adaptarnos e integrarnos. Nos hemos aventurado tan a menudo a través de las puertas que mencioné antes, que ahora vemos las cosas de manera diferente. Hemos llegado al punto en que podemos integrar estas diferencias en nuestras propias identidades. Los misioneros suelen experimentar este fenómeno. Y a este punto, se crea algo nuevo y maravilloso dentro de la parroquia, que no tiene sus raíces enteramente en mi cultura ni tampoco enteramente en la de ellos. Se crea porque las personas están dispuestas a ir más allá de sus zonas habituales de confort. Esta integración cultural es a lo que nos llama la Iglesia católica. Es el objetivo final de la conversión—una forma de afirmar nuestro crecimiento continuo mientras ponemos en suspenso nuestras agendas y juicios privados.

La integración es también una forma de aprender a hacer una evaluación contextual. ¿Qué quiero decir con eso? La evaluación contextual es saber que no todos los valores en la vida son fijos. Nuestra fe nos dice que el aborto, la violación, y la tortura son males intrínsecos que están mal en cualquier cultura. Aquí no hay zonas grises. Pero como líderes o párrocos, sabemos que otros valores no siempre están envueltos en tales absolutos; a veces tienen matices grises. ¿Cómo podemos tomar esta determinación mientras nos mantenemos firmes en aquellas creencias en las que no pueden haber concesiones? La evaluación contextual proporciona una plataforma para que esto sea posible. Podemos aferrarnos firmemente a la verdad, incluso mientras tratamos de construir un terreno común intentando ver el mundo a través de los ojos del otro—entendiendo sus valores y por qué son tan importantes. Esto no significa que tenga que cambiar mis creencias; más bien, soy tan consciente y firme en las mías, que no me siento amenazado por las diferencias y puedo discernir en oración entre lo que es esencial y lo que se puede adaptar sin comprometer mi sistema básico de creencias.

Vuelvo una y otra vez a esta noción de conversión como el gran ecualizador cultural. La conversión, sin embargo, es incómoda. Es dolorosa. Nos mueve más allá de nuestra zona de confort, por lo que preferimos no hacerla. Si vengo de una cultura con una historia de esclavitud o violencia, parte de mi desafío de salir de mi zona de confort podría ser hablar, abrazar el hecho de que Jesús nos da poder a todos para el ministerio. "Recibirás poder", proclama él.

Y ciertamente no hay ejemplo mejor o más satisfactorio del poder que recibimos que la capacidad de suscitar una sensibilidad intercultural entre los miembros de nuestra parroquia mostrándoles el camino. De hecho, tenemos la capacidad de fomentar la integración cultural abriendo nuestros corazones a los demás, particularmente a aquellos que son diferentes a nosotros, y superando las diferencias y los estereotipos. Y en el curso de estos encuentros, nos hacemos uno con Jesucristo, abriéndonos a los procesos de cambio y crecimiento personal que afirman la vida y, lo más importante, al poder transformador de la conversión.

Notas finales

1. Edward T. Hall, *The Hidden Dimension* (Nueva York: Anchor Books, 1966).

2. Juan Pablo II, Exhortación apostólica postsinodal, *Ecclesia in America* (22 enero 1999).

3. Milton Bennet, "A Developmental Approach to Training for Intercultural Sensitivity," *International Journal of Intercultural Relations* 10, no. 2 (1 January 1986): 179–96.

8

Pastoral Juvenil

Nicole Perone

Muchos feligreses bienintencionados muestran una gran inquietud al preguntarse: "¿Dónde están todos los jóvenes?" Claro, como líder parroquial (y para muchos, a la vez como joven adulto), probablemente hayas escuchado esta pregunta bien intencionada. Tu ministerio pastoral estará lleno de encuentros con jóvenes, dentro de la experiencia parroquial y más allá de los límites de los muros de la iglesia. Ya sea que tu función ministerial implique de manera formal o no a los ministerios con adolescentes o jóvenes adultos de la comunidad, cuidar e involucrar a los jóvenes entre nosotros es una responsabilidad sagrada de todos los miembros del Cuerpo de Cristo. Ciertamente, hay estadísticas de sobra que tratan acerca de la desafiliación y desconexión, datos sobre la participación de jóvenes adultos, etc.; sin embargo, el ministerio o apostolado con los jóvenes requiere un sentido de imaginación que va hacia una esperanza nueva más allá de lo que podrían ser datos desalentadores.

Quiero proporcionarles algunos puntos de referencia conforme busquen servir en algún ministerio con los jóvenes. Aun bien que estos puntos de referencia no sean exhaustivos, espero que proporcionen algún sentido de las mejores prácticas pastorales. En lugar de considerarlos a través del lente de lo que *no* se debe hacer (¡porque estos no son mandamientos!), me gustaría proponer algunas formas en que nuestros ministerios con los jóvenes pueden contener una gran bendición.

Una de las piezas más sabias de sabiduría ministerial que me dieron fue: "Recuerda que hay dos verdades fundamentales: 1) hay un Dios; 2) ¡tú no eres Él!" Esto nos puede hacer sonreír, pero hay una gran necesidad de esta máxima. Es fácil para nosotros, en el ministerio, ser víctimas de un complejo singularmente enfocado en ganar almas como si fuéramos los guerreros exclusivos de la batalla espiritual. Sin embargo, es Cristo quien gana almas, no nosotros.

Además, cuando permitimos que Cristo sea el Salvador en vez de nosotros, quedamos verdaderamente libres de esa carga divina—libres para cumplir con nuestra vocación y permitir que el Espíritu Santo actúe. Como sacerdote o líder laico, no estás ahí tan solo para desempeñar únicamente el papel de maestro o portador de los sacramentos a todas horas—tu papel también es el de ser pastor, líder o guía. Quizá puedas conectar con esta idea por alguna experiencia de trabajo agrícola en tu familia, o haber sido testigo de pastores en el trabajo en una peregrinación a Tierra Santa: lo que es clave para esta conversación es que, mientras que en algunos casos un pastor debe defender al rebaño o cuidar de un cordero enfermo, la mayor parte del trabajo de un pastor es simplemente estar entre su rebaño. Esa presencia lo es todo para las ovejas que ponen sus ojos en su pastor en busca de guía y protección.

Finalmente, es la pura y sencilla verdad que nuestros ministerios son mejores cuando trabajamos juntos. El compromiso con la corresponsabilidad representa una nueva forma de ser colaboradores en la viña del Señor.

Sería imprudente de mi parte querer profundizar demasiado en las cualidades generacionales de los jóvenes de hoy, ¡porque sin duda hará que pase de moda esta sección! Sin embargo, hay algunas verdades que podemos sacar a la luz sobre los jóvenes de hoy y de los jóvenes a través del tiempo, que informarán cómo podemos celebrar esta *"etapa de la vida original y estimulante, que el mismo Jesús experimentó, santificándola"* (*Christus Vivit* 22).

"Jóvenes" es una frase inclusiva que incluye tanto a los adolescentes como a los jóvenes adultos. En primer lugar, cabe señalar las diferencias de edad como se definen en la Iglesia en los Estados Unidos: cuando nos referimos a los adolescentes, nos referimos a los menores de 18 años. Cuando nos referimos a los jóvenes adultos, nos referimos a los que tienen entre 18 y 39 años. Por supuesto, esto último implica cierta fluidez: ¿Cuándo comienza verdaderamente la edad adulta (más allá de la definición legal)? ¿Cuándo termina verdaderamente la época del "joven" adulto? Estas son preguntas más amplias que valdría la pena explorar, y se han hecho en otros lugares, por lo que no me extenderé en ellas—pero resurgirán a medida que vayamos explorando el servicio a los jóvenes.

La juventud adulta tiene necesidades específicas a las cuales nosotros, como Iglesia, debemos estar atentos. Es una etapa sumamente transitoria. En esa ventana de los 18 a 39 años de edad, los jóvenes adultos van a: ingresar y graduarse de la universidad; comenzar su primer trabajo – y probablemente cambiar de trabajo varias veces; mudarse de su hogar familiar; tal vez mudarse a una nueva ciudad – o más de una; empezar a construir comunidades de amigos; discernir su llamada al matrimonio, al sacerdocio o a la vida religiosa; si la llamada es al primero (matrimonio), empezar a salir y tal vez encontrar a su pareja; tener hijos y hacer crecer sus familias; experimentar el envejecimiento y la pérdida de seres queridos; y mucho más ¡Esa es una enorme cantidad de vida para vivir en ese lapso de tiempo!

Las generaciones que son jóvenes en la actualidad son las que más cuentan con una educación formal y las más informadas—no es de sorprenderse, como nativos digitales, que tengan el mayor acceso a la información y de manera inmediata. También se mueven mucho por cuestiones de justicia, con un agudo sentido del bien y del mal. Contrario a la opinión popular, también muy espirituales, y su capacidad de conservar su espiritualidad (incluso si no está definida según nuestro sentido religioso tradicional) es algo con lo que podemos conectar y construir lazos. Están en pleno discernimiento de sus vocaciones, pero no tienen uso de ese vocabulario. Están explorando las preguntas de: "¿Por qué estoy aquí? ¿Cuáles son mis dones? ¿Qué es lo que debo hacer? ¿De qué manera voy a contribuir al mundo?" (¡En verdad, la Iglesia es rica en herramientas para responder a esas necesidades! De eso hablaremos más adelante). Mas aún, las dos cualidades más valoradas por los jóvenes son la **autenticidad** y la **vulnerabilidad**, que generan credibilidad. El emular estas cualidades se verá un poco diferente para cada persona y cada contexto.

En la lectura de este texto, es posible experimentar un poco de disonancia cognitiva; ya que muchos de los que sirven en este ministerio en los Estados Unidos son, ellos mismos, jóvenes adultos. Estar en el grupo demográfico al que se está sirviendo en el ministerio puede ser terreno difícil de navegar, pero no imposible. En este contexto, esto es profundamente basado en la experiencia—tu experiencia de ser un joven puede llevarte a una comprensión especial de los jóvenes a los que sirves. Los jóvenes se sienten naturalmente atraídos por otros jóvenes—pueden tener en común los mismos deseos y luchas, experiencias de cambios y transiciones, etc. Es para ti un don estar con personas de tu misma edad y que (¡de alguna forma!) comparten tu etapa de la vida, a quienes les importa la Iglesia, que son apasionados y cuidadosos, y que están navegando en las aguas de la fe y de la vida.

Como se requiere en todas las cosas de la vida, aquí se necesita sostener una tensión: aunque, de hecho, seas actualmente un adulto joven, tú y tus amigos y/o compañeros no son necesariamente ni representan al típico joven. Reflexiona por un momento en tu familia de origen, tu formación en la fe (o no), y tu propio camino para llegar a este punto. Por más que tu historia personal sea multifacética, así son los caminos de fe de cada uno de los jóvenes a los que servirás en el ministerio. *Puedes honrar tu propia identidad como joven adulto (o, reciente joven adulto) sin darle primacía como marco de referencia—es UNA verdad, no LA verdad.* No es solo posible sino también profundo, crear espacios para el camino de otros jóvenes al mismo tiempo que enfrentas el tuyo. Es esta tensión lo que es formación en acción, y es algo a lo que todos estamos llamados a lo largo de la vida.

El hecho de que existan algunos aspectos de diferencia crítica entre tú y tus compañeros jóvenes (que abordaremos en breve) no significa que toda relación de amistad esté prohibida. Las relaciones con tus compañeros jóvenes adultos que sean paralelas a tu ministerio pueden dar mucha vida y vitalidad si te permites amarlos tal y como son. Ceder al miedo puede que sea más fácil y en apariencia más seguro—pero no les temas, ¡simplemente ámalos!

Por supuesto, no se puede descartar la naturaleza crucial de los límites ministeriales sanos. Esta no es una exigencia para no ser relacional o construir amistades genuinas; sin embargo, se debe considerar cuidadosamente la realidad de que el ministerio representa una diferencia de poder; por lo tanto, *no pueden ser verdaderamente compañeros si tienen un rol ministerial en sus vidas, pero pueden tener una relación.* Los límites ministeriales "sanos" no significan "todo o nada"—¡significa sanos! Puedes contribuir a establecer los cimientos de límites ministeriales sanos cultivando la confianza en tu liderazgo, estableciendo amistades humanas íntimas platónicas y fortaleciendo tu conciencia social de dónde están las líneas que no se deben cruzar. Puede ser que estos se vean de manera distinta en diferentes situaciones, pero un factor constante es que la parroquia puede ser el núcleo de esas experiencias de relaciones holísticas, apropiadas y vivificantes.

En definitiva, es totalmente posible celebrar la aventura de ser joven junto con los jóvenes de tu comunidad de fe.

Es tentador, cuando se está trabajando con jóvenes adultos, querer conectarlos a todos los aspectos de la vida parroquial con gran entusiasmo.

¡Por supuesto, los jóvenes pueden y absolutamente deben ser parte del liderazgo en todos los aspectos de la vida parroquial! Sin embargo, es importante *mantener un espíritu de discernimiento y preguntarle al Señor en dónde exactamente los dones de un joven podrían ser más adecuados para beneficiar a la comunidad cristiana.* Insistir en tener a un adulto joven en cada comité o en cada ministerio parroquial es una buena idea, pero no se presta a saber si los jóvenes en cuestión se sienten o no llamados a servir de esa manera. Trunca sus dones y su potencial para una contribución significativa, porque el tener al "joven adulto simbólico" le quita valor a lo que están aportando.

El querer utilizar la "representación simbólica" también puede tomar un giro contrario y adoptar formas de ministerios para edades específicas. Aunque ha habido cierto éxito en torno a reuniones como *Theology on Tap* u Hora Santa para adultos jóvenes, no son estos los únicos canales de participación para ellos. Aunque se encuentren en una fase existencial de vida comunitaria y deseen una experiencia de comunidad, ésta podría tomar muchas formas—ya sea cenas de parejas jóvenes, experiencias comunitarias de servicio, conexión con el grupo de Estudio Bíblico de la parroquia o propuestas de formación en la fe para adultos, y sí, incluso ¡*Theology on Tap*!

También, la "representación simbólica" puede tornarse exagerada en el intento de adoptar formas de "inmersión cultural" de los jóvenes. Si bien puede ser muy útil comprender las referencias culturales y su papel en la vida de los jóvenes (¡un ministro de un campus universitario nunca programaba eventos la misma noche en que se transmitía *Juego de tronos* porque sabía que perderían participantes!), el exagerar es ahogar cualquier posibilidad de conexión significativa en el mar de intentos por ser relevantes. Los "líderes de Twitter" caen víctimas de la misma suerte: estar presente en las redes sociales solo por el hecho de estar allí no es una razón "suficientemente buena". El discernimiento digital es fundamental en el discipulado digital, pero eso es otro tema para otro momento. Sencillamente, *no exageren en el intento de "ser moderno" o ser "cool" con los jóvenes de su comunidad*—no es sostenible.

Una verdad en la que nos podemos apoyar es que la contribución en la comunidad cristiana no es exclusivamente proporcional a la edad. La sabiduría no es exclusiva a los más experimentados por la edad; los jóvenes tienen un sinnúmero de dones, tanto espirituales como temporales, para contribuir a la Iglesia y al mundo. Por supuesto, una comunidad no puede tener éxito cuando depende específicamente de una generación u otra para llenar las bancas, asignar personas a los ministerios o la asistencia a los eventos. Ejercer el ministerio intergeneracional es recordar y celebrar esa sabiduría que el papa Francisco compartió en *Christus Vivit:*

> En el Sínodo, uno de los jóvenes auditores proveniente de las islas Samoa, dijo que la Iglesia es una canoa, en la cual los viejos ayudan a mantener la dirección interpretando la posición de las estrellas, y los jóvenes reman con fuerza imaginando lo que les espera más allá. No nos dejemos llevar ni por los jóvenes que piensan que los adultos son un pasado que ya no cuenta, que ya caducó, ni por los adultos que creen saber siempre cómo deben comportarse los jóvenes. Mejor subámonos todos a la misma canoa y entre todos busquemos un mundo mejor, bajo el impulso siempre nuevo del Espíritu Santo. *(Cristus Vivit 201)*

Como sacerdote o líder laico, la bienvenida que recibes de parte de las personas mayores de la parroquia será cordial y alegre—lamentablemente, nuestros compañeros jóvenes no siempre son bien recibidos de la misma manera. Innumerables jóvenes adultos han experimentado una puerta que se les cierra, un gesto severo, un comentario sarcástico o una barrera para entrar. ¡En cambio, tenemos la oportunidad de ser la Iglesia que queremos ver! Animar a los que ya están "dentro" de la comunidad a ser amables, hospitalarios y bondadosos con los que están "fuera" abrirá esos momentos de acogida más amistosos y llenos del Espíritu Santo que los jóvenes experimenten.

Las líneas que se trazan en las comunidades no son solo por la edad, sino también por la cultura. Las comunidades a las que tú sirves en el ministerio abarcarán una variedad de culturas, idiomas y experiencias. Se debe prestar atención especial a la realidad de que los hispanos/latinos componen el 40% de los católicos en los EE. UU., y los jóvenes hispanos/latinos son la población de crecimiento más rápida en la Iglesia. Apreciar la presencia significativa y la contribución sustantiva de esas comunidades asegurará una comunidad de fe más vibrante que se beneficie de sus dones, especialmente en referencia a los jóvenes.

Como ya he dicho anteriormente, sabemos que los jóvenes tienen un estado de vida lleno de experiencias de discernimiento. En cada etapa y momento de transición, se hacen las grandes preguntas: *"¿Por qué estoy aquí? ¿Cuáles son mis dones? ¿Qué es lo que debo hacer? ¿Cómo voy a contribuir al mundo?"* Desde nuestra perspectiva de fe, sabemos que estas preguntas indican la comprensión de nuestras propias llamadas—aquello para lo que nos creó Dios y cómo desea Dios que usemos esos dones. ¡Qué oportunidad más sagrada tenemos para caminar con los jóvenes en su discernimiento y prepararlos con las herramientas para emprender bien esa tarea! Nombrar aquello por lo que atraviesan los jóvenes, compartir dónde vemos la acción del Espíritu Santo, y, ofrecer maneras en las que sus experiencias contribuyen a su caminar puede ser una de las contribuciones más formativas que podemos dar.

Esto requiere que *hagamos lo que decimos*. Como líder, se tiene la responsabilidad en la vida espiritual personal de estar atentos al discernimiento de espíritus, de modelar las mejores prácticas espirituales y dejar que el fruto que surja de ese proceso sea testimonio de su valor en la vida de los jóvenes. Esto también requiere dejar atrás la correlación incompleta de la palabra "vocación" como sinónimo de "reclutamiento sacerdotal/religioso". Por supuesto, sabemos que el estado de vida al que somos llamados – sacerdocio, vida religiosa o consagrada, matrimonio, vida de soltero, etc. – es un componente muy importante de nuestra vocación, pero no la totalidad. De la misma manera, los jóvenes se encuentran en la encrucijada de aprender esa verdad: que hay muchas partes en el mosaico que componen a la persona para la que Dios los creó. ¡Qué privilegio caminar con ellos mientras descubren estas piezas!

Para verdaderamente servir a los jóvenes y con ellos, hay que partir desde el acompañamiento. Quizás pienses que esta palabra se ha puesto de moda en la Iglesia últimamente, pero realmente tiene valor para los jóvenes. Al no cosificar a los jóvenes como un mero producto o un premio a ganar, sino más bien respetar sus necesidades particulares (sin encajonarlos) y estar dispuestos a caminar con ellos mientras le encuentran sentido a esta vida, podemos ayudarlos a dar grandes pasos por el Reino de Dios y en su relación con Jesucristo.

Ser acompañado – no guiado como un animal con correa, sino acompañado como amigo en Cristo – puede ser una experiencia especial y profunda. Tómate un momento para pensar en aquellos que te han acompañado en el camino y cómo su presencia impactó tu vida. *El verdadero acompañamiento sigue el modelo de Cristo resucitado que se encontró con sus discípulos en el camino a Emaús; Él reconoció su aflicción, escuchó sus historias y caminó con ellos por el camino—incluso en la dirección equivocada.* Esto puede ser desafiante para nosotros, sin duda, pero dará mucho más fruto que intentar arrastrarlos en la dirección "correcta". Dar los primeros pasos desde donde están los jóvenes y partir de ahí tiene muchas más posibilidades de éxito que establecer una barra demasiado alta y ordenar: "salta".

Como probablemente has aprendido bien y experimentado en lo personal, el ministerio pastoral queda incompleto si no se cultivan las relaciones. Los jóvenes son especialmente relacionales y se encuentran en un período de la vida profundamente comunitario por naturaleza. Por lo tanto, *como sacerdote o líder laico, tienes una oportunidad sagrada de construir relaciones significativas y vivificantes con los jóvenes que les ofrecerá un testimonio profético y compasivo del Dios que los ama.*

Permíteme subrayar uno de esos adjetivos: elegir la compasión por encima de la lástima por los jóvenes sana la distancia que puedan sentir de parte la Iglesia. Un mandato crucial del Santo Padre es que salgamos a los márgenes, ir en búsqueda de aquéllos que aún no están dentro de nuestro rebaño para poder compartir el amor de Cristo con ellos. En lo que respecta a los jóvenes, esto incluye a aquellos que parecen no estar de acuerdo con nosotros o que se han desconectado de la Iglesia. Al construir relaciones con esos jóvenes en particular, quitamos la barrera de quien sería el "otro" y presentamos un nuevo camino: la relación entre amados hijos de Dios.

Para ser claros, esta construcción de relaciones debe estar libre de nociones preconcebidas y de una mentalidad de quien tiene la razón o no, lo "acertado o erróneo". Cuando nuestra postura refleja la de tener todas las respuestas, aleja a los jóvenes e inhibe la capacidad de construir una relación—¡los jóvenes huelen la falta de autenticidad a una milla de distancia! En lugar de asumir una postura docta y tratar de proporcionar tu sabiduría a los que no saben, propongo ofrecer una experiencia del Dios vivo. Dar ejemplo de la experiencia vivida de esta verdad es mucho más convincente que cualquier palabra que se pueda predicar o escribir. Esta relación contigo puede que sea, y lo será, el punto para encaminar hacia una relación más profunda con Cristo y la Iglesia.

Las relaciones cultivan un sentido de inclusión. No se puede excluir a aquellos con quienes tienes una relación. La inclusión es realmente importante para los jóvenes—no en el sentido cargado de la palabra, sino en el sentido de sentirse invitados, valorados y queridos en torno a la mesa. El infundir ese sentido de inclusión asegura la participación de los jóvenes en la comunidad cristiana.

En el apostolado con los jóvenes, nos ayuda y es bueno a todos recordar que los jóvenes vienen en todas formas, tamaños, perspectivas, y puntos en el camino—¡digamos que hay más que los 31 sabores de helados de Baskin

Robbins! Al suponer o asumir que a ellos "definitivamente" les gusta esto o "deben" creer en aquello, trazamos líneas difíciles que no se pueden cruzar y que ciertamente no son convincentes para acercarse a ellos. Una práctica pastoral segura es la de vivir en una posición moderada y evitar los absolutos, por la sencilla razón de que *nunca sabes toda la historia de quien tienes frente a ti.* El asumir una postura dura, sin querer, podría hacerlos sentir que no son bien recibidos o alejarlos, cuando tu deseo es que se acerquen más a Cristo a través de una relación más profunda con su Iglesia.

Por supuesto, los absolutos van de la mano con la polarización: la herramienta más eficaz del maligno para dividir a la Iglesia. En resumen: *¡la polarización no es y nunca será obra del Espíritu Santo!* Ya sea en las redes sociales o en las esferas de los medios católicos (donde los bandos están firmemente asentados como polos opuestos), los jóvenes observan cómo nos tratamos los unos a otros y se preguntan: "Si así es como tratan a sus propios católicos ´en la multitud´, ¿cómo me tratarán a mí?" ¡No es de extrañarse que los jóvenes se alejen horrorizados cuando son testigos de nuestro propio discurso tóxico!

Algunos modos en que se puede combatir la polarización es empezar dentro de nuestros propios corazones. Es natural que cada uno de nosotros tengamos nuestras propias perspectivas y opiniones, y funcionemos a partir de esos puntos. Esto nos hace humanos. Cuando uno entra a formar parte de una comunidad, tiene que entender de dónde viene cada una de las personas y encontrarse con ellas allí donde estén. Ellos son tu familia espiritual. Anímate a aprender lo más posible sobre el contexto ministerial local en el que sirves, y deja atrás tu carga emocional o nociones preconcebidas. Date a la tarea de conocer "el sabor" local católico—esto también podría significar que tu uso de los medios de comunicación católicos también deberá adaptarse a ese contexto.

En el ministerio en general, pero en especial con los jóvenes, el "porque la Iglesia lo dice" y otras respuestas simplistas son la manera más rápida de perder credibilidad. Los jóvenes sí buscan respuestas, pero también buscan la libertad para confrontar preguntas y realidades difíciles. ¡Es precisamente el disfrutar esta libertad para la que Dios nos creó! No fue el deseo de Dios que fuéramos robots sin mente, programados mecánicamente para hacer la voluntad de Dios sin pensar. ¡Dios quiere que conozcamos, amemos y sirvamos a Dios con todo nuestro ser, dejando que nuestra vida sea un ¡Sí rotundo! Cultivar una sana espiritualidad y conciencia en los jóvenes dará a las enseñanzas de la Iglesia un terreno fértil para echar raíces y dar frutos.

Una persona que camine con los jóvenes *debe reconocer áreas grises y un mundo cambiante*, así como las etapas y situaciones cambiantes de la vida, sabiendo que no se puede controlar su toma de decisiones, pero se puede ofrecer un camino hacia la plenitud de la vida en Cristo.

Por supuesto, esto no quiere decir que nuestra fe no pueda responder a una variedad de preguntas difíciles. Los jóvenes sí anhelan respuestas— pero más en dirección a saber navegar las transiciones y traumas de la vida. Cuando se enfrenten con el sufrimiento, se preguntarán el porqué, y he aquí la difícil verdad: es posible que tú, como sacerdote o líder laico, no tengas todas las respuestas. Les podemos invitar a conocer la paz de Cristo – al saber que **Su humanidad es nuestro consuelo y Su divinidad es nuestra esperanza** – pero, a fin de cuentas, no está en ti el dar las respuestas. (¡Mira el punto anterior sobre el Salvador!).

Recursos para el apostolado con jóvenes

Christus Vivit: Exhortación apostólica postsinodal del Santo Padre Francisco a los jóvenes y a todo el Pueblo de Dios. Papa Francisco. © 2019

Reporte Final: Diálogo Nacional sobre pastoral católica con adolescentes y jóvenes adultos. Federación Nacional para la Pastoral Juvenil Católica. © 2021

Marco pastoral sobre adolescentes y jóvenes adultos, Conferencia de Obispos Católicos de los Estados Unidos (fecha estimada de publicación por determinar)

Organizaciones:
  Catholic Campus Ministry Association
  LaRED – National Catholic Network de Pastoral Juvenil Hispana
  Instituto Nacional para el Ministerio con Jóvenes Adultos
  Federación Nacional para la Pastoral Juvenil Católica (NFCYM)
  USCCB – Ministerios con Adolescentes y Jóvenes Adultos
  V Encuentro

Herramientas para el Desarrollo de Liderazgo

Michael Brough

En más de veinte años de trabajar y formar a sacerdotes y líderes laicos en una docena de diferentes países alrededor del mundo, lo que me más ha impresionado es cómo todos ellos quieren ser el mejor sacerdote, el mejor párroco, el mejor líder laico posible para la gente a la que sirven. En la Leadership Roundtable hemos aprendido mucho acerca de cómo desarrollar líderes – laicos y ordenados – en la Iglesia católica. Y mi objetivo es transmitirles a ustedes todas esas impresiones, para ayudarles a prepararse, de la mejor manera, para su desafiante rol como líder.

Empecemos con una breve introducción a la función de liderazgo de un párroco o ministro laico. Tú eres un líder, pero ¿a quién diriges? ¿Qué es lo que diriges? ¿Qué formación has recibido en la preparación para ese rol de liderazgo? Para ayudar a contestar esas preguntas, vamos a ver tres aspectos distintos del liderazgo para el ministerio, y las herramientas esenciales para desarrollar esas capacidades. Nos centraremos en el liderazgo de ti mismo, el liderazgo de otros, y el liderazgo de la organización. Esta es la panorámica del liderazgo parroquial.

Para todos nosotros como líderes católicos, el modelo perfecto del liderazgo de servicio se encuentra en Juan 13,1-15, en donde Jesús lava los pies de sus discípulos. En nuestro propio ministerio estamos llamados a crecer en semejanza a Jesús, de manera que podamos, con más exactitud, reflejar su vida y comunicar su mensaje. Entendemos que solo ejerciendo este liderazgo y ministerio lo podremos verdaderamente apreciar y entender, mientras reflexionamos sobre nuestras palabras, así como sobre nuestras acciones. El Santo Padre, el papa Francisco nos hizo un buen recordatorio de esto, cuando al empezar su ministerio petrino nos recordó que el "auténtico poder es servicio".

Es importante para nosotros ver siempre nuestro liderazgo pastoral en términos de una espiritualidad del liderazgo. Como he mencionado antes, sabemos que todo líder tiene que organizar, animar y amar a su comunidad.

De esta misma manera, como líderes estamos llamados a organizar, animar, y amar: tres elementos de nuestro ministerio de liderazgo pastoral. Varios líderes nos han dicho a través de los años que han aprendido algunas de esas aptitudes de liderazgo mejor que otras. Algunos las han aprendido en el seminario, otros de sacerdotes y líderes laicos experimentados, y otros directamente a través de situaciones ministeriales en la parroquia. Las cuatro herramientas que se ofrecen en este capítulo están diseñadas específicamente para ayudar a desarrollar las capacidades de liderazgo que se te piden como líder en una parroquia. Para reforzarlas, voy a compartir algunas lecciones que he aprendido en la Roundtable sobre liderazgo a través de un proyecto que desarrollamos llamado *Liderazgo Católico 360*. Es una colaboración única con la Federación Nacional de Consejos de Sacerdotes y la Asociación Nacional de Administradores de Personal de la Iglesia, para la formación de líderes, tanto laicos como ordenados, dentro de la Iglesia. También nos beneficiamos de la investigación y productos educativos del Centro para Liderazgo Creativo, en quien se basan las cuatro herramientas ofrecidas en este capítulo.

Evaluando la necesidad del desarrollo de liderazgo

Empezaremos nuestra discusión sobre el desarrollo de liderazgo con una serie de preguntas que estoy seguro han surgido dentro del propio ministerio. ¿Cómo puedes saber qué tal estás ejerciendo tu rol como líder? ¿Cómo pueden los nuevos párrocos y líderes laicos aprender a ser más efectivos? ¿Cómo puedes darte cuenta de cuáles son tus fortalezas como líder y las carencias en las que debes trabajar? ¿Y de qué manera potenciamos la responsabilidad en la formación permanente de sacerdotes?

Afortunadamente, la Conferencia de Obispos Católicos de los Estados Unidos (USCCB por sus siglas en inglés) abordó estas cuestiones en su documento de 1984 sobre la necesidad de la formación permanente de sacerdotes. Los obispos las describen como "un viaje de diálogo de por vida, a través del cual un sacerdote llega a una mayor conciencia de sí mismo, de otros, y de Dios. Crecimiento personal, formación permanente, educación teológica y desarrollo humano. Estos se van entretejiendo a través de toda la vida y del ministerio del sacerdote."

Los obispos fueron aún más explícitos en su documento del 2005 *Colaboradores en la viña del Señor*. Aquí, hablan sobre la necesidad de una evaluación y retroalimentación para los que estamos en el ministerio, de tener evaluaciones dentro del contexto de nuestra misión, y de reconocer que tenemos tanto deficiencias, en las que necesitamos trabajar, como fortalezas que necesitan ser reconocidas, desarrolladas, o aprovechadas. *Colaboradores* afirma,

> En un sistema global de personal, esta área [de evaluación y retroalimentación] se refiere a evaluaciones regulares de desempeño, como parte de la práctica en el lugar de trabajo ministerial, que brinden una oportunidad formal para que cada ministro individual reflexione sobre su propio desempeño y recabe comentarios de su supervisor, entre los cuales pueden incluirse opiniones de colegas y de la gente a la que se sirve. Las evaluaciones y los comentarios son más eficaces cuando se les lleva a cabo en el contexto de la misión de la parroquia o de la diócesis. La documentación de comentarios sinceros y constructivos sobre deficiencias y sobre los pasos siguientes para su mejora es importante, así como también el reconocimiento formal e informal de un servicio eficiente, generoso y centrado en Cristo.[1]

Con esta cita como trasfondo, aquí presentamos algunas lecciones específicas que hemos aprendido al trabajar con sacerdotes y ministros laicos:

Primero, necesitamos un desarrollo de liderazgo que pueda crear soluciones adaptativas. No aprendemos a ser líderes en una situación predeterminada. Nos enfrentamos a condiciones cambiantes, sucesos inesperados, y gente nueva que se integra a la situación.

Segundo, necesitamos un desarrollo de liderazgo que expanda el espacio de liderazgo. Esto significa incluir a otros en el liderazgo. Quiere decir usar y desarrollar habilidades persuasivas para trabajar con otros. Esto significa ser respetuoso, generando confianza entre aquellos a quienes dirigimos y nosotros mismos.

Tercero, debemos capacitar a los líderes para ser reflexivos. Los sacerdotes son particularmente buenos en esto. Es parte de la formación que tienen como líderes del ministerio católico—donde las soluciones brotan de la oración, el discernimiento, y el diálogo. Las soluciones surgen a través del tiempo, con reflexión.

Cuarto, necesitamos ayuda en cómo identificar prioridades. Este es, tal vez, el mayor reto que afrontan muchos líderes. ¿De qué manera identificamos nuestras prioridades? ¿Como administramos nuestro tiempo? ¿De qué manera nos aseguramos de que estamos accesibles para la gente? ¿Cómo utilizar nuestro tiempo, en contextos tanto formales como informales, dentro de la parroquia?

Y finalmente, necesitamos un desarrollo de liderazgo que sea responsable con la Iglesia, que refleje los valores y creencias de la Iglesia, y que este abierto a una más amplia comprensión de quiénes somos como iglesia y lo que significa ser *iglesia*.

Tal vez la lección más importante que hemos aprendido es que, para que el desarrollo realmente funcione, se necesitan tres componentes diferentes: evaluación, reto, y apoyo. Si tú colocas estos tres elementos juntos, entonces tienes una mayor posibilidad de crecimiento. Pero en nuestro trabajo con párrocos, sacerdotes y líderes laicos, nos hemos dado cuenta de que, para que el desarrollo del liderazgo realmente funcione bien, debe darse dentro del más amplio contexto de la diócesis y del ministerio. En otras palabras, yo reconozco que mi desarrollo de liderazgo no es simplemente algo que hago yo solo; otros líderes experimentan el mismo desarrollo al mismo tiempo, como parte de una misión más extensa y compartida, y hay formas en que podemos conectar y apoyarnos unos a otros en el proceso.

Dicho esto, veamos las cuatro herramientas esenciales para el desarrollo de liderazgo que todos los líderes deben tener en su caja de herramientas.

Primera herramienta: identificar competencias

¿Que quiero decir por competencias de liderazgo? Nuestros compañeros en el Centro para Liderazgo Creativo describen las competencias como las características mesurables de una persona, relacionadas con un trabajo eficaz. Una competencia puede ser una habilidad en el comportamiento, una actuación justa y sin favoritismos. Podría ser una habilidad técnica, como la de hablar en público. Puede ser un atributo, como la inteligencia o una actitud, como el optimismo.

Literalmente, hay cientos de competencias de liderazgo. Lo que hemos hecho en Leadership Roundtable, y en el programa *Liderazgo Católico 360*, es seleccionar, de tres diferentes fuentes, catorce competencias pastorales de liderazgo: *Pastores Dabo Vobis* (1992), el *Plan básico para la formación permanente de los sacerdotes* (2001), y *En el cumplimiento de su misión*

(2008), un documento sobre los deberes y tareas de los sacerdotes católicos romanos. Estos cubren una amplia gama de competencias requeridas de un sacerdote, tales como la comunicación de ideas e información, el inspirar compromiso en otros, el traer a la superficie lo mejor de las personas, forjar sinergias, desarrollar relaciones humanas, tener respeto por las diferencias entre individuos y grupos, y seleccionar y capacitar a las personas para trabajar dentro del ministerio o liderazgo. Esto también incluye competencias como valentía, apertura, y flexibilidad, así como la voluntad de aprender y comprometerse a una formación personal permanente. Estas competencias están combinadas con otras específicas ministeriales, que se relacionan con tu identidad y papel como párroco y sacerdote. En otras palabras, ¿cómo puedes ser más eficaz en tú ministerio sacerdotal?

Hemos también desarrollado una herramienta específica para líderes laicos, la cual abarca quince competencias tales como la comunicación, el conflicto, la escucha, el traer a la superficie lo mejor de la gente, influenciar a otros, desarrollar relaciones humanas, capacitar a personas, inspirar, la planificación, flexibilidad, y administración del tiempo, así como ser persona de fe y ministro de la Iglesia.

Veamos más de cerca una de estas competencias: ¿Qué eficacia tienes en la comunicación de ideas e información? Y para este fin, ¿cuáles son los comportamientos específicos y habilidades que necesitas como líder? Algunas son habilidades de comunicación escrita, mientras que otras son capacidades verbales, que ayudan a determinar lo bien que comunicas tus ideas y visión en una reunión. Otro ejemplo de competencia es el poder superar la resistencia que ocurre algunas veces cuando tratas de comunicar un mensaje concreto.

Segunda herramienta: obtener retroalimentación

Como nos recuerda la gurú del liderazgo Ann Morrison en *Rompiendo las Barreras del Techo de Cristal*, "Aunque las percepciones no sean la verdad definitiva, estas son las que la gente usa para tomar decisiones".[2] Así que, obtener retroalimentación es importante. Entender cómo estas siendo percibido como líder es importante. Por supuesto, tú continuamente obtienes retroalimentación de manera informal de la gente de la parroquia. Pero ¿cómo puedes obtener una retroalimentación formal que te ayude a desarrollar las competencias de liderazgo – las habilidades de liderazgo – que requieres como líder? Consideremos cuatro preguntas relevantes:

Primero, ¿a quién debes pedirle retroalimentación? El mejor tipo de retroalimentación es una retroalimentación de 360 grados. Como el nombre nos sugiere, esto significa no únicamente de una persona, como tu jefe o un colaborador o un empleado que responde ante ti, o alguien a quien tú sirves, sino más bien de todos ellos. Solicita retroalimentación de gente que te conoce y sobre el rol que se te ha pedido que realices, y de quienes están dispuestos a darte una repuesta honesta de la cual tú puedas aprender y crecer. Identifica el mayor número posible de personas que estén en posición de ofrecerte sus percepciones. Cuanta más retroalimentación recibas, más puedes eliminar capas de subjetividad y llegar a conclusiones más amplias.

Segundo, ¿cuál es un buen momento para pedir retroalimentación? La respuesta, por supuesto, es <u>constantemente</u>, de tal manera que puedas obtener retroalimentación de manera regular y ver los resultados de los ajustes que estás haciendo. Pero es muy importante pedir la retroalimentación cuando hay una competencia específica o desarrollo de habilidad de liderazgo en la que estés buscando enfocarte y mejorar. Si yo he recibido retroalimentación que me dice, "Miguel, tú realmente podrías trabajar en tus habilidades de comunicación", entonces es bueno para mí que le pregunte a la gente, "Está bien, hablemos sobre qué habilidades en la comunicación debo mejorar, y, ¿me pueden dar ustedes retroalimentación sobre ellas?"

Tercero, ¿cómo debes solicitar la retroalimentación? Además de la falta de precisión que tiende a producir la retroalimentación informal, es importante reunir alguna retroalimentación formal. ¿Esto significa preguntarle a la gente de manera directa, "¿Me puedes describir la situación en la que tú observaste este comportamiento? "¿Qué *comportamientos* específicos observaste?" "¿Me puedes describir el *impacto* que produjo este comportamiento?

Como alguien que trata de desarrollar sus habilidades de liderazgo, esto te permite conocer en qué necesitas enfocarte. Es importante destacar que aquí no estamos hablando acerca de un liderazgo basado en la personalidad. A algunas personas les gusta nuestro estilo, a otras no. A algunas personas les agrada nuestra personalidad, a otras no. Aquí no estamos hablando sobre ese desarrollo. En cambio, estamos hablando de obtener retroalimentación sobre comportamientos específicos—porque podemos cambiar los comportamientos. ¡Con la personalidad nos quedamos!

Cuarto, ¿cómo debes utilizar la retroalimentación que recibes? Enfócate en el futuro, no en el pasado. Por definición, la retroalimentación se refiere a eventos pasados, ¿pero de qué manera puedes utilizar la información para cambiar encuentros futuros? Uno de los mejores consejos aquí es el de enfocarse en una competencia en particular, de la cual has recibido retroalimentación, y preguntarte a ti mismo, "¿Cómo voy a mejorar en esta área?" Si estás comprometido a realizar un cambio y reconocer que este es el comportamiento que quieres esforzarte por cambiar, entonces puedes comprobar una diferencia. La otra manera de usar la retroalimentación es evaluarla cuidadosamente, ya que no toda retroalimentación es igual. Lo cual nos conduce a la pregunta: ¿cómo interpretas la retroalimentación? Si bien ya sabes lo que le sucede al sacerdote después de la misa dominical, cuando todos pasan por delante y te saludan estrechándote la mano. "Excelente sermón, padre," alguno dice, pero los siguientes diez pasan sin hacer referencia alguna al sermón. Entonces, ¿será esta una retroalimentación útil? ¿Fue solo una persona la que pensó que era un gran sermón, o es que las otras no se tomaron el tiempo para decírtelo? O, ¿será que los otros pensaron que era meramente mediocre, o total vez terrible, y no van a regresar? La retroalimentación informal está bien, pero no es tan útil como obtener una constante retroalimentación formal de la gente. Un pequeño comentario retroalimentativo no te dará el cuadro completo: sólo te da cierta idea. Te proporciona una pieza de información útil, pero luego tienes que interpretarla.

He observado dos errores comunes en términos de cómo la gente interpreta la retroalimentación. La primera es que lo aceptan demasiado rápido. "Oh sí, así es como soy; no puedo hacer mucho al respecto." El segundo es que rápidamente disienten. "Eso no es verdad, yo no soy así." Las dos reacciones son contraproducentes. Es importante tomarse el tiempo para reflexionar sobre la retroalimentación que has recibido – sobre todo si los comentarios de retroalimentación son específicos – y decidir cómo vas a responder.

Tercera herramienta: crear un plan de desarrollo

No te asustes. Esto no es tan complicado como puede parecer, especialmente si sigues estos cuatro pasos:

Primero, identifica tus puntos fuertes y tus necesidades de desarrollo. Estos los puedes entender en cuatro formas diferentes. Una manera es que tus puntos fuertes sean confirmados, en donde recibes una afirmación que dice, "Eres realmente bueno en esto." Siempre pensaste que lo eras, de tal manera que ahora es una fortaleza confirmada. Después hay puntos fuertes no reconocidos, áreas en las que no sabías que eras bueno, pero que la gente dice a través de su retroalimentación, "Sí, así es como te proyectas; es así como experimentamos tu liderazgo." La tercera forma son necesidades de desarrollo confirmadas: alguien te da retroalimentación que sugiere "necesitas trabajar en esto." Entonces tú lo reconoces: "Sí, esta es un área que, por experiencia previa, sabía que necesito trabajar en ella." Y cuarta, es un área no reconocida que necesita desarrollo. Estos son puntos ciegos—áreas en las que no te diste cuenta de que necesitabas ayuda hasta que la retroalimentación te alertó de tus deficiencias.

Segundo, crear un plan de desarrollo que le dé prioridad a la retroalimentación que recibes. Dicho de otro modo, ¿qué tan importante es la retroalimentación para tu ministerio o liderazgo? Sí, te gustaría desarrollar esta o aquella habilidad, ¿pero es realmente importante para ti en este momento? Mirando hacia adelante, ¿cuáles retos enfrentarás en tu liderazgo durante los próximos dos años? Obviamente, si puedes desarrollar una habilidad que sabes que vas a necesitar, ¿te permitirá eso enfrentar esos retos en forma más efectiva? Y dos cuestiones finales en términos de dar prioridad a la retroalimentación: ¿Vale la pena el tiempo y el esfuerzo que tomará hacer cambios en esta área, y qué tan motivado estás para hacer estos cambios? Francamente, esto requiere que seas muy honesto contigo mismo, porque si no tienes la motivación – aunque sea un área que necesita desarrollo – es mejor escoger otra área en donde sí puedas tener éxito. Como regla de oro, mientras que tus debilidades no sean desatinos (es decir, mientras no te impidan ser efectivo en tu ministerio o liderazgo), vale más la pena desarrollar aún más tus fortalezas.

Tercero, identificar y expresar tus metas. Seamos claros—no estamos hablando acerca de un documento de cinco páginas, con una lista saturada de metas. Lo que sugiero, más bien, es que será suficiente el desarrollo de dos o tres metas a la vez. Mi experiencia de trabajo y capacitación de otros es que lo mejor es identificar una meta en la cual te enfoques y pruebes tener éxito con ella; entonces, es muy posible que regreses a la meta dos y tres veces más y trates de desarrollarla. No intentes hacer demasiado. La mejor fórmula para el éxito es escoger las metas importantes para ti, y las que puedes comprometerte a realizar. En cualquier caso, por supuesto, estas metas deben ser claras, específicas, y evaluables. Y debe haber un marco de tiempo para terminarlas, junto con pasos específicos de acción: "Esto es lo que voy a hacer. Estos son los comportamientos que voy a cambiar." Y finalmente, ser claro en los resultados. En otras palabras, "Espero que dentro del marco de tiempo determinado podré completar esto o lo otro." Si no planeas resultados claros, nunca podrás saber si alcanzaste tus metas.

Cuarto, y por último, asegúrate de que haya un seguimiento. Esto, desafortunadamente, se descuida con frecuencia, lo cual conduce a una tremenda frustración. Es inútil pasar por el proceso de obtener retroalimentación, identificar competencias que deben mejorarse, y crear metas, si no intentas seguir adelante. Esto significa no solo responder a la retroalimentación que ya has recibido, sino también a la retroalimentación que continúas recibiendo. La clave aquí es responsabilizarte. El compartir tus metas de desarrollo con otros es una de las mejores prácticas que te puede ayudar a mantenerte responsable, así como solicitar su ayuda y apoyo. Establece un tiempo específico para revisar si has logrado tus metas o no. Esto puede implicar reunirte con un supervisor, superior, entrenador, o amigo—alguien que te mantendrá responsable. Al final, este es un modelo de formación muy de adultos, asegurando el desarrollo del liderazgo.

Para ayudar a fortalecer lo que quiero decir con establecer metas concretas, aquí está un ejemplo que he adaptado de los especialistas en retroalimentación Karen Kirkland y Sam Manoogian, en su guía práctica *Ongoing Feedback (Retroalimentación Constante):*[3]

> Mejoraré en ser más eficaz en la dirección de mi equipo pastoral, concentrándome en las dos siguientes metas: Aprenderé a reservar mi juicio sobre las ideas de otros, asegurándome de que mi respuesta inicial no sea negativa. Adicionalmente, le pediré al equipo su aportación antes que se tomen o finalicen decisiones. Pediré al diácono José, un amigo y mentor, que me dé su retroalimentación y me ayude a observar mi progreso. Voy a lograr estas metas para el 1 de julio, dentro de seis meses a partir de ahora.

Puedes ver en estas metas la infraestructura de un sólido plan de desarrollo:

Aquí está el comportamiento que voy a cambiar.

Aquí están las metas específicas que harán que esto suceda.

Así es como planifico obtener retroalimentación y observar mi progreso.

Aquí está la línea de tiempo que he establecido.

Cuarta herramienta: involucrar apoyo/ identificar un asesor o mentor

Probablemente tengas más éxito en el desarrollo de tus habilidades de liderazgo si creas relaciones humanas de desarrollo. Estas relaciones humanas cumplen tres funciones esenciales: *evaluación*–ayudándote a evaluar tu actuación sobre una base continua; *reto*–empujándote más allá de tu zona normal de confort; *apoyo*–tanto ministerial como personal.

Una de las formas de apoyo más efectivas en el trabajo con sacerdotes, obispos y líderes laicos – algo que también es observable en el campo secular – es contar con un asesor o mentor. La asesoría o mentoría es algo que se define como ayudar, motivar, capacitar a las personas – profesionalmente y/o personalmente – para determinar una dirección y rápidamente avanzar hacia sus metas. Se trata verdaderamente de ayudar a la gente a hacer la transición desde donde se encuentran hasta donde quieren estar. Un asesor o mentor puede ser invaluable para ayudarte a desarrollar tu competencia, compromiso, y confianza. Él o ella puede marcar la diferencia entre un plan de desarrollo de liderazgo que tiene éxito y uno que fracasa.[4]

Reflexionando acerca del camino por delante

Al concluir este capítulo sobre el desarrollo de liderazgo, he aquí algunas preguntas para reflexionar:

¿Qué has aprendido sobre liderarte a ti mismo?

¿Qué has aprendido sobre liderar a otros?

¿Qué has aprendido sobre liderar tu organización?

¿Qué competencia de liderazgo te puedes comprometer a trabajar y mejorar?

¿Qué más ayuda necesitas para poder desarrollar estas habilidades?

Al enfocarte en el compromiso que has hecho en tu formación permanente y desarrollo, tienes mis esperanzas y mis oraciones, así como las de aquellos que han sido confiados a tu cuidado, para que puedas continuar desarrollando las habilidades requeridas y te conviertas en líder como padre, hermana o hermano, y como acompañante en el camino de la fe. Como nos dijo nuestro Santo Padre, el papa Francisco, dirigiéndose a los religiosos en noviembre del 2013,

> En la vida es difícil que todo sea claro, preciso, delineado pulcramente . . . La vida es complicada; consiste en gracia y pecado . . . Todos cometemos errores y necesitamos reconocer nuestras debilidades . . . Debemos siempre pensar en el Pueblo de Dios en todo esto. Pienso en

los religiosos que tienen un corazón tan ácido como el vinagre: no están hechos para la gente. No debemos crear administradores y directivos, sino padres, hermanos y hermanas, compañeros de viaje.[5]

Notas finales

1. Obispos de los Estados Unidos, *Colaboradores en la viña del Señor* (Washington, DC: USCCB, 2005), 61.

2. Ann Morrison y otras, *Breaking the Glass Ceiling: Can Women Reach the Top of America's Largest Corporations?*, updated ed. (New York: Perseus, 1992), 24.

3. Karen Kirkland y Sam Manoogian, *Ongoing Feedback: How to Get It, How to Use It* (Greensboro, NC: Center for Creative Leadership, 2004).

4. Para más recursos que te ayuden a alcanzar tus objetivos de desarrollo, visita http://www.catholicleadership360.org/.

5. Joshua McElwee, "Pope Calls Religious to Be 'Real Witnesses,'" *National Catholic Reporter* (January 14, 2014).

Formando al Personal en un Equipo de Liderazgo Pastoral

Dennis M. Corcoran

Recientemente trabajé con un párroco que un día me expresó su frustración sobre un miembro de su equipo de liderazgo. Parecía que el párroco no podía entender por qué el miembro del equipo no le había dado un informe importante que él estaba esperando. Para empeorar las cosas, el párroco iba a salir de vacaciones en menos de veinticuatro horas. Cuando le pregunté si el miembro del personal sabía que tenía una fecha límite, el párroco se enfadó aún más y dijo "¡No debería tener que decirle algo tan obvio!"

La situación del párroco me hizo pensar en la iniciativa "Parroquia Increíble" (Amazing Parish, en inglés) de Patrick Lencioni. Lencioni definía tres disciplinas necesarias para el éxito de cualquier líder como parte de un equipo de liderazgo cohesionado: crear claridad, reforzar la claridad, "sobre-comunicar" la claridad. Le recordé al frustrado párroco que nuestras expectativas no pueden cumplirse a menos que se comuniquen claramente.

Esto plantea la pregunta: ¿Qué sentido tiene un equipo de liderazgo? Si nos guiamos por el concepto cristiano de que el Cuerpo de Cristo tiene muchas partes, y si nos fijamos en la metodología de Jesús de llamar a los apóstoles para compartir el liderazgo, queda claro que un estilo de liderazgo colaborativo es fundamental para la gestión cristiana. Ninguna persona, aparte de Jesús mismo, puede encarnar lo que se necesita para dirigir una parroquia. Por ello, todo párroco debe convocar a personas que le ayuden a ejercer su ministerio y dirigir a los feligreses, como lo haría Cristo. Sin embargo, antes de pasar a las formas y estilos de un equipo de liderazgo pastoral, veamos algunas características que conviene que tengan sus miembros.

La necesidad de ser relacional

Encabezando la lista se encuentra la necesidad de que todos los líderes dentro de una parroquia sean *relacionales* y amen a la gente. Ya pasaron los días en que la iglesia podía permitirse contratar empleados a los que simplemente no les gustaba trabajar e interactuar con otros. Esto me recuerda la historia de un nuevo miembro del equipo parroquial que le comenta a este párroco sabio y viejo sobre cómo se les debería de decir a los feligreses que pidan una cita antes de venir, no sea que estas constantes distracciones le impidan a él y a otros miembros del equipo realizar su trabajo pastoral. Sin omitir ningún detalle, el párroco respondió: "Amigo mío, estas distracciones *son* tu ministerio".

La primera pregunta que debe hacerse un párroco al contratar a un líder parroquial es: "¿Es esta persona relacional?" Permítanme aclarar aquí lo que *no* estoy diciendo. La gente confunde la capacidad de relacionarse con el tipo de personalidad. No estoy diciendo que todos los líderes parroquiales tengan que ser extrovertidos. Al contrario, es necesario que haya tipos de personalidad diferentes para generar sinergia en el equipo. No creo que sea un estereotipo decir que muchas personas dedicadas a las finanzas tienden a ser introvertidas. No obstante, he conocido a muchos miembros del equipo de liderazgo que dirigen las finanzas y poseen sentido del humor, hablan afablemente con los demás y se llevan bien con todos los miembros del equipo de liderazgo. Puede que sean introvertidos, pero también son analíticos, están orientados a los procesos *y* son relacionales.

Estoy consciente de que cualquier intento de definir "relacional" es muy subjetivo. Hay muchos matices en los que los párrocos, que no están formados en recursos humanos, pueden enredarse. El mejor consejo que puedo dar a un párroco sobre este asunto es no sólo preguntarse si el potencial miembro del equipo es relacional (o sabe relacionarse) con él, sino pensar en los feligreses "difíciles" de la parroquia y preguntarse: ¿saldrían de un encuentro con esta persona con una sensación cálida y agradable? No creo que sea irreal decir que cuando alguien interactúa con un líder en la iglesia, espera que sea similar a lo que cree que sería un encuentro con Cristo. Dicho de otro modo, si hay algo en lo que todos los que leen el evangelio deberían estar de acuerdo, es en que Jesús era altamente relacional.

Disposición al cambio

Otra característica deseable para un miembro de un equipo de liderazgo parroquial es el aprecio por el aprendizaje permanente. Tenemos muchos "expertos" en la vida parroquial que no entienden que siempre se puede mejorar, para adoptar las mejores prácticas que existen tanto dentro como fuera de los muros de la iglesia. Por supuesto que el conformismo nunca es un buen rasgo para un miembro del equipo de liderazgo. En las parroquias católicas se están realizando hoy igual que antes del Internet, de los teléfonos inteligentes y de las redes sociales, bastantes ministerios. Si los miembros del equipo no están siempre buscando nuevas formas de mejorar su capacidad de servir y relacionarse con el pueblo de Dios, no van a ser líderes parroquiales eficientes. Demasiados miembros del equipo de liderazgo recurren a la excusa: "Así es como lo hemos hecho siempre". Tienen que abrir los ojos y darse cuenta de que nuestro mundo está cambiando al ritmo más rápido de la historia, y que un equipo que se conforme con hacer lo mismo mes tras mes, año tras año, va a fracasar miserablemente a la hora de atraer a la próxima generación de fieles.

Debido a las dificultades financieras de tantas parroquias hoy en día, los párrocos tienen que ser flexibles y, a veces, "creativos" a la hora de formar un equipo de liderazgo. No conozco muchas parroquias que puedan completar todos los puestos de ese equipo con empleados remunerados a tiempo completo. Muchos deben cubrirse con lo que yo llamo "voluntarios dedicados". Se trata de feligreses que han demostrado ser líderes comprometidos y que están dispuestos a asumir algunas o todas las responsabilidades de un empleado remunerado—pero sin el pago. Para algunas parroquias ésta puede ser la única opción para completar un equipo de liderazgo.

¿Qué áreas ministeriales podrían beneficiarse del consejo y la asesoría de un miembro del equipo de liderazgo? Sugiero las tradicionales: Palabra, Alabanza, Servicio y Comunidad, y Liderazgo. (Animo a las parroquias a usar la nomenclatura más contemporánea de "Aprendemos", "Oramos", "Servimos y Celebramos" y "Lideramos", respectivamente). Proporcionar este nivel de cobertura de liderazgo puede que no suceda de la noche a la mañana. Como la mayoría de las mejoras en la iglesia, requerirá tiempo y perseverancia por parte de muchas personas. Como si encontrar a los miembros del equipo más calificados no fuera lo suficientemente difícil, lograr que trabajen juntos puede ser aún más desafiante para un párroco.

Esa hazaña significa fomentar tres cualidades por parte de todos los miembros: confianza, responsabilidad y la voluntad de encontrar formas sanas de estar en desacuerdo unos con otros y aun así apoyarse.

Detectar problemas por adelantado

Hace unos años estaba trabajando con una parroquia en un plan pastoral. Le pedí al equipo pastoral que desarrollara metas y objetivos para dos aspectos en los que estarían trabajando el próximo año, prestando atención específica a cómo pensaban que sería el éxito en esas áreas. Un miembro del equipo de liderazgo se resistió de inmediato. El párroco y yo nos reunimos con ella y tratamos de asegurarle que éste era un ejercicio de crecimiento para todos en el equipo y que ambos estaríamos dispuestos a ayudarla con esta tarea. Ella insistió en que la tarea en sí no era el problema; el problema era el hecho de que *realizar* la tarea representaba un trabajo que ella consideraba más apropiado para un entorno corporativo y, por lo tanto, fuera del ámbito de la Iglesia católica. No obstante, de mala gana aceptó trabajar en un plan para su ministerio, y cada miembro del equipo recibió capacitación y asistencia para llenar los formularios de muestra para completar la tarea. Cuando llegó el día en que todos compartieran sus planes, los otros cuatro miembros del equipo ofrecieron tres o cuatro páginas de trabajo reflexivo. Sin embargo, la persona del equipo que se resistía, tenía menos de una página de objetivos, citando ideas como "construir el Reino de Dios" y "llevar feligreses a Cristo" como medida del éxito. Aunque en teoría no había nada de malo en estas respuestas, no eran precisamente lo que el párroco quería. Uno por uno, el equipo trató de orientar a la obstinada integrante del equipo en una dirección más constructiva. Estaba destinado a ser un ejercicio sano, una oportunidad de construir confianza y apoyo entre todos los miembros. El equipo podría haberse fortalecido como resultado de compartir perspectivas y opiniones diferentes, sin mencionar el establecimiento de pautas para la rendición de cuentas. En cambio, esta persona que se rehusaba dijo que se sintió atacada por todas partes y salió furiosa de la reunión.

Esa noche, el párroco me explicó que esta persona había mostrado problemas relacionales desde el principio. Atraía a la menor cantidad de voluntarios de la parroquia cuando solicitaba ayuda para los proyectos, y podía ser bastante rígida en lo que respecta a las reglas y los procedimientos. También era conocida por aplicar la ley del hielo (o el tratamiento del silencio) a los miembros del equipo con los que no estaba de acuerdo. En resumen, era una fuerza conflictiva y generadora de división que, en varias ocasiones, había obligado al párroco a suspender la planificación pastoral para poder lidiar con sus objeciones.

Antes de entrar en cómo tratar con una persona así, permítanme señalar que las personas que luchan con problemas relacionales también tienden a batallar con la confianza, la responsabilidad y la capacidad de manejar sanamente los desacuerdos. A menudo buscan vilipendiar a aquellos con quienes no están de acuerdo. Para que estas personas no relacionales sientan alguna conexión con los demás, tiene que haber alguien más o algún otro grupo contra el que puedan dirigir su ira. Esto, por supuesto, pone al párroco en una posición difícil ya que un equipo de liderazgo con éxito depende de forjar relaciones sanas en todos los ámbitos. Lamentablemente, la iglesia tiene un historial de atraer más de la cuenta a personas que no "saben jugar bien con otros" y los párrocos deben ser conscientes de este legado al considerar miembros para roles de liderazgo parroquial.

Patrick Lencioni aborda este aspecto del análisis en su obra *Parroquia Increíble* (*Amazing Parish*) al hacer una distinción entre inteligente y saludable. No solo es necesario que ambos vayan juntos, sino que Lencioni señala que "saludable" es la lupa de "inteligente". Si bien su enfoque se centra en organizaciones inteligentes y saludables, creo que los principios también se aplican a los individuos. Las personas pueden poseer grandes niveles de experiencia, talento y dones, pero si no pueden trabajar con otros, ni pueden funcionar sin crear drama y confusión, nunca serán participantes útiles en un equipo de liderazgo.

El arte de formar equipos

Muchos párrocos y líderes de ministerios parroquiales me preguntan el secreto de tratar con miembros difíciles del equipo. Créanme, no hay ningún secreto. Cada miembro del equipo puede ser difícil en ocasiones, al igual que cada líder y cada párroco. Todos tenemos nuestros problemas y de vez en cuando estos pueden interponerse en el camino de una pastoral eficaz. El éxito radica en saber cómo manejar y resolver esos problemas en forma sabia y reflexiva.

Durante muchos años estuve involucrado en el ministerio de preparación matrimonial. Siempre comenzaba diciéndole a la pareja que tenía delante: "Dos personas imperfectas se están casando ante un sacerdote imperfecto en una iglesia imperfecta, dentro de un mundo imperfecto. ¿Alguna pregunta?" El objetivo de un buen matrimonio no es buscar la perfección, no vaya a ser que se encaminen al fracaso. La magia de trabajar en equipo con personas imperfectas radica en reconocer sus imperfecciones y aun así poder trabajar con éxito con ellas. De esta manera, la relación se fortalece con el tiempo. En efecto, las imperfecciones pueden actuar como pegamento para el equipo. ¡Quién se iba a imaginar que el misterio pascual tiene implicaciones para la administración parroquial!

Este es un consejo particularmente bueno cuando se crea un equipo desde cero o se incorporan nuevos miembros. Todo párroco o administrador debe ser diligente y minucioso durante el proceso de contratación. Asegúrese de tener un comité de búsqueda que incluya personas que ya hayan sido parte exitosa de su equipo. Las personas con ideas afines tienden a atraer a otras del mismo estilo. Verifique las referencias. Llame a personas que respete y que puedan guiarlo hacia candidatos valiosos. Las consecuencias de no hacer esta tarea pueden ser profundas. Sé de un párroco nuevo que incorporó a una líder pastoral a su equipo sin molestarse en consultarlo con su empleador anterior. Después de seis meses, me llamó para pedirme consejo sobre cómo lidiar con los múltiples problemas que ella estaba causando ahora. Tomé la iniciativa de llamar a sus últimos dos párrocos y ambos me dijeron que la habían despedido porque no era capaz de conectarse con otros miembros del equipo ni con los feligreses. Cuando le pregunté a su nuevo párroco por qué no la había investigado más a fondo, me dijo que había estado muy ocupado y que pensaba que su currículum hablaba por sí solo. "Ella ha estado trabajando para la iglesia durante veinticinco años", argumentó. "¿No debería ser suficiente?" ¡Lección aprendida!

Período de orientación

El primer año de servicio de cualquier miembro nuevo del equipo debe dedicarse a la orientación y evaluación. Se les debe informar desde el primer momento que recibirán mucha información y retroalimentación para ponerlos al día rápidamente y asegurarse de que tengan claras sus responsabilidades. Reiterando la fórmula de éxito de Patrick Lencioni: después de construir un equipo cohesionado, todo es cuestión de claridad, claridad y más claridad. Cada empleado nuevo debe someterse a evaluaciones a los tres, seis y doce meses durante el primer año, donde tanto el miembro del equipo como el párroco puedan tener un intercambio sincero y abierto. Como parte de esta evaluación, el párroco debe recopilar las opiniones sobre el miembro de otros miembros del equipo y asistentes administrativos, así como de los feligreses. Esa retroalimentación debe ser equilibrada – tanto positiva como constructiva – y debe entregarse en una reunión programada con anticipación.

Debo señalar que los empleados de las parroquias católicas generalmente no están acostumbrados a recibir comentarios constructivos. Están más acostumbrados a que "se les llame la atención" sobre problemas o asuntos que se han salido de control. Sin embargo, esto equivale a una gestión de equipo poco saludable e improductiva, con falta de confianza, que a menudo se convierte en un factor de división. Lo que está claro en retrospectiva es que, si el problema se hubiera abordado antes, en la fase de creación del equipo, podría haberse aprovechado para fortalecer la relación, en lugar de deteriorarla.

Volviendo por un momento a mi metáfora del ministerio matrimonial: si un esposo y una esposa están acostumbrados a preguntarse mutuamente todos los meses: "¿Qué puedo hacer para ser un mejor cónyuge en esta relación?", los problemas se abordan de una manera no conflictiva y menos dramática, en lugar de gritarse el uno al otro cuando simplemente no pueden soportarlo más. Lo primero ayuda a unir y fortalecer al equipo, mientras que lo segundo actúa como un cuchillo y lo corta en pedazos. Todos los miembros del equipo de liderazgo necesitan y merecen evaluaciones anuales, constructivas y sin confrontaciones. El párroco podría incluso aprovechar la oportunidad para preguntar a los miembros del equipo: "¿Qué es lo que puedo hacer para ser un mejor pastor (del rebaño)?"

Cómo aprenden los equipos a "hacer clic"

Sin embargo, antes de poder evaluar a cualquier persona de forma justa, es necesario comunicar claramente y compartir las expectativas al principio de cada año. Cada miembro del equipo – o sea, cada empleado de la parroquia – necesita una descripción de su trabajo. Si ya existen, se debería considerar la posibilidad de añadir *flujos de trabajo*. Las descripciones de los puestos de trabajo indican *lo que* los empleados hacen para la organización, mientras que los flujos de trabajo indican *cómo* lo hacen.

Un buen flujo de trabajo puede llevar un año a los miembros del equipo para poder documentar minuciosamente todas las formas en que se llevan a cabo sus responsabilidades. Si un equipo de liderazgo nunca ha hecho un plan anual, la mejor manera de empezar es hacer que los miembros actualicen la descripción de sus trabajos para que representen con precisión sus funciones. Éstas deben ser acordadas por el párroco y/o el supervisor.

Como parte del proceso de creación de equipos, le pido a cada miembro del equipo que examine su ministerio para identificar dos áreas como objetivos para el próximo año. Por ejemplo, el miembro del equipo "Aprendemos" podría identificar el RICA y la educación religiosa familiar como sus dos proyectos. Este miembro, al igual que todos los demás, debe ser muy específico en cuanto a la forma en que pretende llevar a cabo sus planes – el flujo de trabajo que mencioné anteriormente – y cómo se medirá su progreso y éxito ¿Por qué son importantes? Porque al detallar estas dos áreas aumentan las posibilidades de que puedan conectar con miembros de otros equipos que están en condiciones de ayudarles. Por ejemplo, digamos que el miembro de "Aprendemos" desarrolla en el marco de su iniciativa de RICA un programa para conectarse y llegar a los cónyuges de los feligreses que no son católicos. Al desvelar sus planes y medidas específicas (por ejemplo, el objetivo es incorporar cinco nuevos miembros a la Iglesia) en una reunión del personal parroquial, llama la atención de un miembro del equipo de "Oramos", que le informa de que conoce al menos a tres o cuatro miembros de su ministerio que tienen cónyuges no católicos, y que está dispuesta a ayudar en la difusión. ¡Voilà! Se estableció una conexión—que nunca se habría producido si el párroco no hubiera insistido en la preparación de flujos de trabajo y medidas por parte de los miembros de su personal, y si no se hubieran compartido con otros miembros del equipo de liderazgo.

Algunos párrocos pueden preguntarse cómo se puede conseguir que los miembros del equipo trabajen juntos cuando cada uno está tan implicado en sus dos iniciativas propias. Pues bien, ese espíritu de colaboración debería estar ya arraigado en cada miembro, ya que así es como se comportan las personas relacionales. No necesitan capacitación para encontrar formas de trabajar juntos, dado que ya está integrado en su ADN. No obstante, esto debe comunicarse claramente a los miembros desde el principio.

No puedo enfatizar suficientemente cómo cada una de las actividades que hemos discutido – las descripciones de trabajos, las dos iniciativas, los flujos de trabajo, y evaluaciones – necesitan estar documentadas por escrito. De esta manera, si alguien es despedido, se jubila o renuncia, el substituto no tiene que empezar de cero; él o ella puede empezar a trabajar de inmediato gracias a los documentos de apoyo.

Lograr la química adecuada

Quiero compartir algunas reflexiones finales sobre el reclutamiento de personal y el manejo de equipos. Muchas diócesis han establecido para los párrocos políticas que prohíben contratos con empleados para protegerse contra demandas en caso de que se produzca un despido. Si bien aplaudo a los departamentos de recursos humanos por crear conciencia con respecto a la Ley de Normas Laborales Justas, debo señalar que, como resultado de no ofrecer compromiso o seguridad a los empleados, estamos perdiendo a muchas personas talentosas que se marchan a otras organizaciones sin fines de lucro. Animo a los obispos a examinar este tema para tratar de encontrar una manera de comprometerse sin dejar vulnerable a la Iglesia. Al mismo tiempo, animo a los párrocos a encontrar formas de expresar su agradecimiento a sus empleados más preciados. Es interesante mencionar que, en encuestas recientes, los empleados calificaron "la valoración y la aprobación de mi superior" tan alto como "los aguinaldos y el aumento de salario" como formas en las que les gustaría ser reconocidos por un trabajo bien hecho.[1]

Tiene sentido, también, evitar contratar a parroquianos. No estoy diciendo que nunca los contrate, pero que comprenda que, si la relación se deteriora, podrían perder no solo un empleado, sino también un feligrés. Peor aún, si ese feligrés descontento decide quedarse, podría comenzar a hablar mal de ti ante la iglesia y la comunidad, poniéndolo a la defensiva. Lo que se puede decir con certeza es que contratar un feligrés es siempre una apuesta arriesgada. Algunos de los mejores y peores empleados que he tenido en las parroquias han sido feligreses. Cuando la relación es buena, suele ser muy buena, pero cuando es mala (como dice la expresión), es horrible. El mejor consejo que puedo dar es seguir tu instinto al tomar una decisión final. Si tienes alguna duda, la sabiduría dicta evitar al feligrés como empleado. Y si tú eres un párroco nuevo que ha heredado empleados que son feligreses, te sugiero que te tomes una taza de café con ellos y, con una gran sonrisa, preguntes: "¿Qué vas a hacer como feligrés si descubres que no puedes trabajar conmigo como tu empleador?" Esto puede sonar un poco atrevido y presuntuoso, pero sirve para identificar al elefante en la sala y solo puede resultar beneficioso a largo plazo.

También les insto a que no toleren la triangulación entre los miembros del equipo. La norma debe ser: si un miembro del equipo tiene un problema con otro miembro, incluido el párroco, sin importar cuán grande o pequeño sea, él o ella debe acudir a ti—no a otro miembro del equipo a tus espaldas. Esto último no solo es malsano, infantil y poco profesional, sino que erosiona la confianza en todo el equipo y complica los temas a discutir. Desafortunadamente, también es típico de la cultura eclesial la no confrontación que se ha desarrollado, en que las personas están condicionadas a ser amistosas y a evitar conflictos con los demás. Los párrocos a menudo exacerban este comportamiento porque ellos también son incapaces de lidiar con los conflictos. Sin embargo, hay una manera de ser asertivo sin ofender a los demás. Se trata de que el párroco seleccione y entregue a cada miembro del personal una pequeña ficha u objeto, como una pelota Nerf, con su nombre escrito. Si un miembro se molesta con alguien por un incidente pequeño o grande, simplemente deja la pelota Nerf en el escritorio de esa persona para indicarle que necesita hablar sobre un asunto apremiante. Esto abre la puerta a una conversación constructiva que, definitivamente, puede construir relaciones, fortaleciendo a todo el equipo a largo plazo.

Basado en mi experiencia trabajando con parroquias, yo diría que se logra una óptima química organizacional cuando el equipo de liderazgo parroquial se enfoca en animar, delegar e implementar ministerios dentro de la parroquia; cuando el consejo consultivo de pastoral decide cuáles deben ser las prioridades de esos ministerios y cuando el consejo de finanzas busca maneras de cómo pagarlo.

¿Cómo sabrás si tienes un equipo de liderazgo fuerte, efectivo y de éxito? Lo sabrás cuándo la productividad, la moral, la energía y la confianza sean altas y el drama, las distracciones, los conflictos y los susurros en los pasillos sean mínimos. Es así de simple.

Nota final

1. *Trends in Employee Recognition* (Scottsdale, AZ: WorldatWork, 2013), https://worldatwork.org/resources/research/trends-in-employee-recognition.

Liderazgo en Situaciones Pastorales Complejas

Mark Mogilka

Las parroquias están cambiando dramáticamente. El modelo de un solo párroco en una sola parroquia con una comunidad homogénea de feligreses se está convirtiendo en la excepción. Según una investigación publicada en 2011, el 7 por ciento de todas las parroquias en los Estados Unidos son el producto de una combinación de dos o más parroquias, el 27 por ciento comparte un párroco con al menos otra parroquia y el 38 por ciento de ellas se consideran multiculturales.[1] Desde que se publicó esta investigación por primera vez, estos números han aumentado.

Claramente, estos modelos parroquiales emergentes requieren nuevas formas de liderazgo pastoral. A lo que me refiero como "pastoreo parroquial complejo" – el distribuir tu tiempo y talentos entre múltiples parroquias y múltiples comunidades culturales – es cada vez más la regla que la excepción. Y tu capacidad para aprender nuevas habilidades pastorales y adaptarte a estas nuevas realidades parroquiales determinará en gran parte tu éxito como párroco y líder.

Añadiendo a la complejidad de cambios en los modelos parroquiales está el hecho de que la población católica continuará creciendo, especialmente a través de la afluencia de hispanos, mientras que el número de sacerdotes continuará disminuyendo. En años recientes el Vaticano ha planteado preguntas sobre las iniciativas diocesanas para cerrar parroquias. Como resultado, creo que a los párrocos se les pedirá cada vez más que sirvan en parroquias más grandes, parroquias múltiples y parroquias que son más diversas culturalmente y, por lo tanto, más complejas.

La diócesis de mi ciudad natal de Green Bay, Wisconsin, proporciona una buena ilustración del panorama rápidamente cambiante de la Iglesia católica en Estados Unidos. En 1988, teníamos 219 parroquias; hoy tenemos 157. Hemos pasado por muchas reorganizaciones y cambios parroquiales. El 65 por ciento de nuestras parroquias comparte ahora un párroco con al menos otra parroquia. En un momento, tuvimos un solo párroco como responsable de 6 parroquias. En los últimos años también hemos tomado medidas para satisfacer las necesidades crecientes de la comunidad hispana en la ciudad de Green Bay. Esta comunidad se ha duplicado en la última década para abarcar al menos el 14 por ciento de todos los hogares de la ciudad. Dentro de nuestra diócesis, 8 parroquias están ahora involucradas en ministerios especiales con la comunidad hispana. Además, tenemos otras 17 parroquias que, aunque son parroquias canónicas únicas, tienen dos o más iglesias que celebran misa en español cada fin de semana.

Para ser párrocos y líderes efectivos en situaciones pastorales complejas, debemos comenzar por hacer una pregunta básica: ¿Cómo definimos, o qué queremos decir con liderazgo efectivo? Hay dos partes. Primero está la capacidad de articular una *visión*, de hacer realidad el sueño de Dios dentro de la iglesia. Y, en segundo lugar, *el liderazgo* es la capacidad de *involucrar* a las personas para realizar esa visión. Debemos inculcar en los líderes parroquiales y en los feligreses un sentido de pertenencia y la voluntad de ayudar a dar vida a la visión de Dios. Ambas partes son esenciales. Conozco líderes que son grandes visionarios, pero no saben cómo involucrar y motivar a las personas para que esas visiones se hagan realidad. Del mismo modo, hay parroquias que han involucrado a muchas personas y están bastante ocupadas con actividades, pero no tienen visión y no caminan a ninguna parte. Estas deficiencias se magnifican en situaciones pastorales complejas.

La visión básica

Así pues, la primera pregunta en el camino hacia convertirse en un líder efectivo de un entorno parroquial complejo es: *¿Cuál es tu visión de lo que debería ser una parroquia hoy?* En los talleres que he presentado a sacerdotes y a líderes laicos de todo el país, rara vez obtengo una respuesta única. Es obvio que no tenemos una comprensión unificada de la visión básica moderna para una parroquia tradicional, y mucho menos para una parroquia compleja. Esto plantea una pregunta aún más importante: ¿Qué tan efectivos podemos ser como iglesia si los párrocos, líderes laicos y feligreses no tienen una idea común de por qué existe la parroquia?

Hay una respuesta oficial a esa pregunta. Proviene del *Catecismo de la Iglesia Católica*, párrafo 2179, que cita cuatro bloques para la construcción de la parroquia. Primeramente, la parroquia es una comunidad confiada a un párroco como su pastor. Es una red de relaciones compuesta por personas llenas de amor y cariño que se apoyan mutuamente. En segundo lugar, es un lugar donde los fieles se reúnen para la Eucaristía, los sacramentos y el culto. Tercero, es un lugar donde se enseña la doctrina cristiana y donde las personas se forman a lo largo de sus vidas. Finalmente, la parroquia es un lugar donde se practica la caridad y las buenas obras.[2] El papa Francisco ha añadido un quinto bloque de construcción: la evangelización.[3]

Por tanto, cuando hablamos de una visión para la parroquia moderna, debemos tener en cuenta estos bloques de construcción básicos que deben reflejarse en cualquier declaración escrita de la misión de la parroquia. *¿Cuántos de nosotros tenemos una declaración de la misión de la parroquia?* Cada parroquia debe tener una declaración de misión única que refleje su visión básica. Desafortunadamente, la mayoría son documentos largos y divagantes. Mi desafío para ti es que consideres reducir tu declaración a quince o veinte palabras que puedan recordarse fácilmente. La declaración debe reconocer al menos que ustedes son una comunidad que celebra la Eucaristía, enseña la doctrina católica y practica la caridad, las buenas obras y la evangelización. En mi mente, estos elementos deberían estar en el centro de cualquier buena declaración de la misión de una parroquia.

Retrato del párroco hoy en día

Entonces, si la visión es clara, ¿cuál es la realidad de cómo ocupan su tiempo los párrocos? La investigación ofrece algunas ideas, mostrando cómo la complejidad cada vez mayor y la diversificación de las parroquias ha reconfigurado el papel del párroco. En lugar de poder dedicar el tiempo adecuado a su ministerio pastoral – la razón por la que la mayoría de ellos respondieron al llamado de Dios a servir – ahora se requiere que dediquen más y más tiempo a la administración de la iglesia. Un estudio realizado en 2006 en diversas denominaciones religiosas mostró que los sacerdotes trabajan, como media, cincuenta y seis horas por semana. Esta fue la mayor cantidad de horas por semana en promedio de cualquier denominación en el país. Igual de revelador, el estudio encontró que, por media, el 31 por ciento del tiempo de los párrocos católicos se dedica a administrar y asistir a las reuniones. Por otro lado, los pastores protestantes pasan, en promedio, el 14 por ciento de su tiempo en la administración.[4]

Claramente, hay algo mal con esta imagen. Me gustaría sugerir que hay usos mucho mejores de tu tiempo que comprometer casi un tercio de él a la administración. Es útil mirar la sabiduría del papa Benedicto XVI sobre este asunto. Cuando le preguntaron en una reunión con sacerdotes italianos en julio de 2007 cómo deberían manejar sus crecientes responsabilidades, incluso el servir a múltiples parroquias, el Santo Padre respondió que sus obispos "deben ver claramente cómo garantizar que el sacerdote continúe siendo pastor y no se convierta en un santo burócrata". El Santo Padre continuó diciendo: "Creo que es muy importante encontrar las formas correctas de delegar . . . [y el sacerdote] debe ser quien tenga las riendas esenciales, pero puede confiar con colaboradores".[5]

Involucrar a las personas para llevar a cabo la misión: El arte de delegar

Recuerda, los buenos líderes articulan una visión, pero, lo que es igualmente importante, involucran a las personas para hacer realidad la visión. Una de las herramientas más importantes para involucrar a las personas es a través de "delegar", como señaló el papa Benedicto. Es uno de los conjuntos de habilidades esenciales que los párrocos – especialmente aquellos en entornos complejos – necesitan cultivar activamente. Desafortunadamente, existe una serie de mitos y conceptos erróneos con respecto a la delegación de responsabilidades. Me gustaría abordar algunos de ellos.

Primer mito: *No se puede confiar en que los empleados y voluntarios sean responsables.* Ten en cuenta que parte de tu trabajo como líder es ser mentor, guiar a las personas para que sean responsables y llamarlos a rendir cuentas. Aquí, tu formación, tus antecedentes, entrenamiento y experiencia te servirán bien.

Segundo mito: *Cuando delegas pierdes el control.* Necesitas aprender a delegar, pero no a abdicar de tu responsabilidad. Es absolutamente esencial que llames al pueblo de Dios a usar sus dones y talentos en el servicio a la comunidad y delegar tanta responsabilidad como sea posible. De lo contrario, caes en la trampa común de "Soy el único que puede hacerlo correctamente". Y eso, puedo asegurarte, es un boleto de ida al agotamiento. Hay un límite para lo que puedes lograr por ti mismo. Pero con la ayuda de otros, son posibles las cosas más increíbles.

Tercer mito: *No se puede despedir a un voluntario.* Ciertamente puedes y en algunas situaciones deberías. Sin embargo, esto debe hacerse con sensibilidad y discreción, tal vez incluso expresado en una invitación para que el voluntario use sus dones en un área del ministerio diferente dentro de la iglesia.

Cuarto mito: *Si delegas, los voluntarios obtendrán el reconocimiento que tú mereces por un trabajo bien hecho.* Recuerda, los líderes más efectivos son aquellos que trabajan en segundo plano y celebran los éxitos de aquellos que forman parte de su personal. La delegación en realidad aumenta tu flexibilidad porque te da más tiempo para concentrarte en tus tareas principales de pastoreo.

Quinto mito: *Tu personal y voluntarios están demasiado ocupados para asumir más responsabilidades.* Basándome en mi propia experiencia, veo que tengo siete empleados y periódicamente caigo en la trampa de "Oh, están trabajando tan duro que no puedo pedirles que hagan una cosa más". Claro que puedes. Por lo general, eso significa sentarte con ellos para averiguar qué trabajo o proyecto pueden dejar de lado para hacer espacio para la tarea más urgente que necesitas que hagan. Después de todo, tú eres quien está al cargo.

Mito final: *Los voluntarios no ven el panorama general.* A veces no lo hacen, pero ¿no es ese tu trabajo?

¿Cuáles son los pasos, entonces, para mejor delegar responsabilidades? Lo más importante es que debes comunicar la tarea de manera efectiva. A menudo, esas líneas se rompen, o nunca existieron, y allí es donde generalmente se desarrollan los problemas. Debes pasar al menos de treinta a cuarenta y cinco minutos programados al mes con cada miembro del personal de tu parroquia, uno a uno. Pregúntales: "¿Qué ha sucedido en el último mes?" y "¿Qué viene en el próximo mes?" También es una oportunidad para discutir con ellos cualquier inquietud que puedan tener sobre su desempeño. Estas reuniones también proporcionan un medio en que puedas afirmarlos y guiarlos, y así ayudarlos en su ministerio a la comunidad o comunidades a las que sirven.

Otro paso crítico en la asignación de responsabilidades es delegar no solo la tarea, sino también la autoridad que los miembros del personal necesitan para cumplir su trabajo. Establece las normas por adelantado, así como tus expectativas de lo que se debe hacer. Además, asegúrate de darles la información básica o contextual que necesitan y ofrece todo tu apoyo y compromiso.

A veces delegamos una tarea y regresamos seis meses después para descubrir que el miembro del personal o voluntario ni siquiera ha comenzado el proyecto debido a otras prioridades. Esa es una señal de que no has delegado muy bien. Debes haber establecido por adelantado el marco de tiempo para completar la tarea, y luego hacer un seguimiento al menos una vez al mes para determinar qué progreso de ese objetivo se ha logrado ya.

Por último, pero no menos importante, proporciona reconocimiento ante un proyecto bien hecho. Y cuando un proyecto no está bien hecho, haz la pregunta: "¿Qué aprendiste?"

Involucrar a los laicos

En situaciones pastorales complejas, ser un líder pastoral con éxito y delegar bien también significa que has llegado a aceptar la importancia de los laicos en el cumplimiento de tu papel como párroco. Según el Código de Derecho Canónico, el párroco como pastor "lleva a cabo las funciones de enseñar, santificar y gobernar, también con la cooperación de otros presbíteros o diáconos y con *la asistencia de miembros laicos de los fieles cristianos*" (c. 519, énfasis añadido).

Parte del marco para ser un gran párroco hoy, especialmente en situaciones pastorales complejas, es involucrar a los laicos. En el documento *Ecclesia in America* (1999), san Juan Pablo II fue aún más explícito: "Una parroquia renovada necesita la colaboración de los laicos y, por lo tanto, un director de la actividad pastoral y un pastor que pueda trabajar con los demás" (41). Siempre me sorprende que no hayamos explotado más completamente esta perla de sabiduría de san Juan Pablo. En el entorno actual, un liderazgo efectivo significa encontrar personas que puedan complementar tus dones como párroco.

Construyendo puentes en las comunidades parroquiales

Dadas las complejas situaciones pastorales en las que te encuentras, nunca ha sido más desafiante articular una visión para múltiples comunidades o culturas. Una vez más, Juan Pablo II tuvo algunos consejos útiles. "Una forma de renovar las parroquias", sugirió, "podría ser considerar la parroquia como una comunidad de comunidades y movimientos" (*Ecclesia in America* 41). Esta visión fue más tarde articulada por el Comité de Diversidad Cultural de la USCCB en la publicación de 2013 *Mejores prácticas para parroquias compartidas: Para que todos sean uno.*

¿Qué queremos decir con "comunidad de comunidades"? Implícita en esta frase está la capacidad de reconocer y afirmar las características únicas de cada comunidad dentro de cada parroquia, y las comunidades únicas dentro de cada parroquia, especialmente en situaciones multiculturales. Esto requiere que abordes directamente dos preguntas. Primero, ¿cuáles son mis visiones, esperanzas y sueños para mi parroquia o parroquias en su conjunto? Y segundo, ¿cuáles son mis visiones, esperanzas y sueños para cada parroquia individual o comunidad dentro de una sola parroquia?

En tu articulación de la visión para cada comunidad individual y la comunidad en general, es fundamental involucrar a los líderes clave de cada comunidad por separado. Como parte de ese proceso, es importante averiguar quiénes son los impulsores clave y los líderes de opinión dentro de estas comunidades, y cómo construir relaciones con ellos. Recuerda que cada comunidad, cada grupo étnico, tiene un estilo de liderazgo singular, una forma peculiar de sentarse a la mesa y una forma peculiar de hacer las cosas.

Hay tres modelos básicos a tener en cuenta al construir puentes entre diversas comunidades parroquiales: coexistencia, colaboración y consolidación. Cada uno tiene sus desafíos y oportunidades únicas. En el caso de la coexistencia, las comunidades separadas son miembros de la misma iglesia y pueden compartir el mismo espacio de culto, pero generalmente, ahí es donde termina la comunidad. Hay poca interacción entre ellos; son silos virtuales. El segundo modelo es la colaboración. Aquí, las comunidades mantienen sus identidades básicas, pero también tienen áreas de superposición sobre las que se puede construir. Por ejemplo, puede haber varios eventos anuales, como el festival parroquial o el programa de Navidad—que reúnen a todos los feligreses y pueden servir como trampolín para asociaciones en otras áreas, como la recaudación de fondos y la salida comunitaria al encuentro de otros. El tercer modelo es la consolidación, o fusión, donde las comunidades se unen en un conjunto inconsútil. Es un buen ideal, pero dado que las raíces de la comunidad primaria tienden a ser especialmente profundas, rara vez se da una verdadera fusión de distintas comunidades.

Independientemente del modelo que defina tu parroquia, debes ser consciente de las formas en que las comunidades pueden cooperar. Siempre habrá algunas culturas parroquiales y culturas étnicas que pueden ser bastante compatibles y mezclarse muy bien. Otras, sin embargo, defienden estrictos límites y son resistentes a la consolidación. Es importante para ti como párroco evaluar de manera realista cuáles son las perspectivas de cooperación y colaboración. Como señaló la Conferencia de Obispos Católicos de los Estados Unidos, cuando se trata de diversas comunidades, el objetivo no es la asimilación, sino la inclusión.[6] No te frustres estableciendo expectativas poco realistas para crear "unidad" frente a comunidades profundamente comprometidas y estrechamente vinculadas que, simplemente, no pueden unirse.

¿Cuáles son algunas de las variables que determinan lo compatibles que pueden ser las comunidades parroquiales y las comunidades multiculturales dentro de una parroquia diversa? Incluyen la identidad étnica, la identidad y las prácticas eclesiales, así como el tamaño relativo, la salud económica, la geografía, los procesos de hacer decisiones, las prioridades del programa parroquial, el personal, la participación de los feligreses, la tolerancia al cambio y la viabilidad parroquial.

Tu objetivo general al administrar un entorno parroquial complejo debe ser crear una maravillosa comunidad de comunidades – un nuevo y hermoso mosaico – y no necesariamente un crisol. Para lograr esto, debes enfrentarte a tres preguntas fundamentales:

¿Qué tienen en común estas comunidades sobre lo que puedes construir?

¿Qué es único y especial en cada comunidad que debe ser reconocido, honrado y respetado?

¿Cuál es la mejor manera de proporcionar liderazgo pastoral a cada comunidad dentro de este mosaico?

Al responder a estas preguntas, nunca pierdas de vista el hecho de que el cambio – el cambio externo que puedes ver y tocar – es fácil; pero la transición (cambiar los corazones, actitudes, creencias y valores de las personas) requiere mucho más tiempo y paciencia. Muchos sugerirían que este tipo de cambio, o el llegar a la unión, lleva generaciones literalmente.

Una mirada reciente al campo de la psicología social ha proporcionado algunas nuevas ideas sobre cómo fomentar la unidad entre diversos grupos. La primera idea es no declararlo como su objetivo, porque eso solo desencadena la resistencia y el "círculo de los vagones" para defenderse de cualquier cambio o pérdida de identidad. En cambio, los líderes pastorales deben afirmar o reconocer a los diversos grupos y ayudarlos a aprender cómo trabajar juntos en proyectos importantes. A medida que trabajan juntos, construyen relaciones. Las relaciones rompen barreras entre ellos. Sus logros conjuntos les proporcionan un sentido compartido de orgullo y una nueva identidad, y, con el tiempo, ayudan a fomentar la unidad.

Pastoreo multiparroquial

Es importante tener en cuenta que al comparar las parroquias tradicionales con los ministerios multiparroquiales, la investigación muestra que hay poca o ninguna diferencia cuando se trata de evaluaciones de feligreses y líderes sobre su satisfacción general y su evaluación de la calidad de los ministerios y servicios proporcionados por las parroquias.[7]

El pastoreo multiparroquial tiene su propio conjunto de desafíos distintos. El mayor de ellos, según la investigación, es la falta de tiempo. Más específicamente, ¿cómo manejas tu tiempo privado, las complejidades de tu agenda y el tiempo de gerencia de las diferentes parroquias? Igual de importante, ¿cómo usas el tiempo limitado *que tienes* para aprovecharlo mejor, sabiendo que no puedes estar en tantos lugares como quisieras o necesites estar?

El segundo mayor desafío, según muestra la investigación, es tratar de administrar múltiples parroquias donde hay poca cooperación o colaboración discernible entre sus diversas comunidades, o donde los feligreses sienten que favoreces a la otra parroquia y que no pasas suficiente tiempo con ellas. Estos pueden parecer asuntos insignificantes, pero para los feligreses son muy reales.

El tercero en la lista de desafíos para los párrocos de múltiples parroquias es encontrar suplentes para días libres, vacaciones, retiros y días de servicio fuera de la parroquia. Este desafío puede empujarte fácilmente a la trampa de la culpabilidad por no tomarte días libres.

Finalmente – y no sin relación – está el desafío de servir a las parroquias pequeñas con su personal y recursos limitados.[8]

Aunque los desafíos del pastoreo de múltiples parroquias son muy reales, existe un creciente cuerpo de investigación, mejores prácticas y modelos organizativos que pueden ser de gran ayuda para los párrocos y líderes parroquiales que sirven en situaciones de ministerio parroquial múltiple.[9] El ministerio multiparroquial no debe verse como un problema a resolver o evitar, sino como un modelo con oportunidades únicas para compartir dones y talentos entre las comunidades que necesitan desarrollarse aún más.[10]

En la Diócesis de Green Bay, hemos visto de primera mano lo compleja que se ha hecho la parroquia—y el ministerio de pastoreo. Ten cuidado con las profecías autocumplidas. Si crees que navegar a través de diversas culturas y múltiples parroquias, equilibrando tu tiempo de manera efectiva, ha hecho que tu trabajo sea más difícil, si no pesado, entonces probablemente será solo eso. Por otro lado, si ves el pastoreo complejo como una oportunidad para extenderte – para orquestar diversos dones y talentos singulares en la creación de un hermoso mosaico – entonces encontrarás tu ministerio más estimulante y gratificante. Que Dios esté contigo y te bendiga en tus esfuerzos.

Notas finales

1. Mark Gray, Mary Gautier, y Melissa Cidade, *The Changing Face of U.S. Catholic Parishes*, Emerging Models of Pastoral Leadership CARA report (Washington, DC: NALM, 2011).

2. *Catecismo de la Iglesia Católica*, 2nd ed. (United States Catholic Conference—Libreria Editrice Vaticana, 1997).

3. Papa Francisco, *Evangelii Gaudium* (la Alegría del Evangelio), 2013.

4. Jackson W. Carroll, *God's Potters* (Grand Rapids, MI: Eerdmans, 2006).

5. "Meeting with Italian Priests," *Origins* 37, no. 12 (August 30, 2007).

6. Comité sobre la Diversidad Cultural, *Desarrollando la capacidad intercultural de los ministros* (USCCB, 2012).

7. Emerging Models of Pastoral Leadership, CARA studies and reports, 2011 y 2012.

8. Katarina Schuth, *Priestly Ministry in Multiple Parishes* (Collegeville, MN: Liturgical Press, 2006).

9. Mark Mogilka y Kate Wiskus, *Pastoring Multiple Parishes* (Chicago: Loyola Press, 2009).

10. Emerging Models, CARA, 2011, 2012.

12

Gestión de Voluntarios

Nicole Perone

No es ningún secreto que los voluntarios son, en muchos casos, la fuerza dinamizadora de la vida parroquial. En una época en la que hay pocos empleados de tiempo completo en las parroquias (y el número de sacerdotes y religiosos que complementan el personal disminuye cada vez más), las comunidades de fe dondequiera se apoyan en aquellos fieles que están dispuestos a ser voluntarios ofreciendo su tiempo, energía, y dones al servicio de la comunidad que aman. Ellos son los que están en primera línea de la evangelización, la catequesis y la acción social, emprendiendo la misión con el espíritu de los apóstoles. ¡Qué bendición es esto para nosotros!

Este modelo concreto puede ser un apoyo muy valioso para un equipo pastoral, pero no está exento de desafíos. Ciertamente, supervisar a los voluntarios de la parroquia significa gestionar el tiempo, las expectativas y las personalidades, así como la necesidad de comprender más profundamente el valor del ministerio de los voluntarios. En el caso de los sacerdotes, se puede prever que los voluntarios laicos serán el número más importante de colaboradores durante todo su ministerio sacerdotal (incluso cuando hay una cantidad importante de personal pagado en la parroquia, los voluntarios son abundantes). Teniendo en cuenta que los voluntarios constituirán el equipo principal con el que el sacerdote (o líder pastoral) va a trabajar y servir, es útil pensar en cómo gestionar a los voluntarios de forma eficaz.

En la invitación, coordinación o colaboración con voluntarios, siempre es un buen punto de partida considerar la misión del ministerio en cuestión. Cada ministerio con voluntarios es, de hecho, un ministerio – aunque no sea instituido de manera formal por la Iglesia, o pagado como un trabajo profesional – y, por lo tanto, tiene una misión particular. Asimismo, cada parroquia tiene un sentido distinto de la misión, tal vez un carisma, que la distingue. Aun cuando sabemos que la parroquia es el medio para vivir la misión de la Iglesia, cada comunidad lo hace a su manera. Articular la misión de tu parroquia y lo que la hace especial es el primer paso para comprender la misión de sus ministerios con voluntariado.

Una vez que hayas determinado el *ethos* particular de tu parroquia, te invito a considerar los ministerios de los voluntarios. La idea de misión que tenga cada uno de los voluntarios, te preparará para el éxito en la realización de esa misión. Te invito a consider ar un ministerio de voluntariado —quizás uno en el que estuviste involucrado en la parroquia de tu infancia, o uno en el que participaste durante un año pastoral. ¿Cuál dirías que era tu misión? Esta pregunta puede parecer sencilla, pero te invito analizarla y profundizar en ella.

Es posible que hayas pensado en la Feria Parroquial de San León. Tal vez tu mente evocó que el objeto de los muchos ministerios voluntarios en la feria es llevar a cabo el evento anual, o conseguir algunos ingresos para la parroquia. Esas pueden ser las primeras metas que te vienen a la mente, y no son intrínsecamente malas, pero profundiza un poco más. ¿Es la misión de la Feria de San León exclusivamente obtener unos ingresos extra, o más bien ofrecer a la comunidad una salida familiar o entre amigos en pleno verano, cuando no hay muchas más opciones disponibles? ¿Acaso es para reunir a la gente de la comunidad para comer y divertirse, algo alegre que atraiga a la gente de la ciudad a los terrenos de la parroquia? ¿Se trata de ofrecer a la comunidad algo que no está disponible en otros lugares? Pensar en algo más profundo que el objetivo obvio puede ayudar a entrar en el núcleo de la misión del ministerio.

Quizá hayas pensado en el ministerio de Educación Religiosa de la Parroquia Santísimo Sacramento. El propósito sería catequizar a los niños de la parroquia—¡una misión vital, ciertamente! Pero, profundicemos un poco: la misión de ser catequista voluntario en Santísimo Sacramento es presentarle a los jóvenes a Jesucristo; enseñarles el valor de una relación con Él; acompañar a los adolescentes en su aprendizaje y crecimiento en la fe. Profundizar una o dos capas puede ser útil para este proceso, y da a estos ministerios de voluntariado cierta seriedad.

Otra forma de explorar una misión de un ministerio de voluntariado es preguntarse: ¿Cómo lleva Jesucristo a la gente este ministerio? Quizás sea construyendo la comunidad cristiana a través de eventos sociales; tal vez sea a través de acciones de justicia y caridad, viviendo Mateo 25. Este ejercicio es útil para ti como sacerdote o líder pastoral que acompaña a estos voluntarios: te va a equipar con la comprensión y las herramientas para reclutar, comprometer, retener y formar a los voluntarios.

Te invito a que consideres el reclutamiento de voluntarios no tanto como un método para conseguir gente para cubrir una necesidad, sino más bien como una invitación a formar parte de la misión de tal manera que pongan al servicio de la comunidad los dones que Dios les ha dado. Esto requiere desarrollar un espíritu de discernimiento en la parroquia (otra conversación para otro momento), pero hacerlo ayuda a la gente de la comunidad a entender los dones que Dios les ha dado, dónde están sus fortalezas, y cómo esos dones pueden ser utilizados para glorificar a Dios y hacer realidad la comunidad cristiana.

Por ejemplo, sería imprudente pedirle a alguien de la parroquia cuya habilidad no incluya los números o las matemáticas que se encargue de la caja registradora en la feria parroquial, o pedirle a alguien bastante introvertido y tímido que sea ujier o encargado de dar la bienvenida. No es un juicio sobre nadie, sino que simplemente no sería un buen uso de sus dones cuando hay otras opciones. Es cuestión de ser honesto sobre cómo cada persona fue creada por Dios, y en dónde se encuentran sus habilidades. Ese tipo de intencionalidad conducirá a un mayor reclutamiento y retención de voluntarios.

Otra verdad del voluntariado parroquial es la naturaleza inestimable del ofrecimiento (y la invitación) personal. Cuando se hace un anuncio desde el púlpito a la congregación en general, o se imprime una petición general en el boletín, la mayoría de la gente no se ofrece a sí misma. Sin embargo, cuando se aborda a alguien personalmente y se le señala que sus cualidades se han advertido y valorado, esa intencionalidad es al mismo tiempo desconcertante y atractiva.

Desde la primera invitación hasta una década de servicio, la gestión de las expectativas de los voluntarios es un componente fundamental del proceso—y empieza por ti.

En primer lugar, te animo a que seas sincero contigo mismo sobre las capacidades de un voluntario. Recuerda que, por definición, ¡no se les paga por hacer este trabajo! Adapta tus expectativas sobre ellos para que sean proporcionales al ministerio propio de los voluntarios, y empieza con una actitud de gratitud por el mero hecho de que estén dispuestos a formar parte por completo del ministerio. Puede ser desafiante el ser agradecido frente a las limitaciones que presentan los voluntarios, pero una actitud de gratitud es siempre el punto de partida apropiado.

En cuanto a los voluntarios, he aquí algunos consejos sencillos para gestionar sus expectativas:

Sé sincero. Sé honesto sobre lo que se espera—es razonable ser positivo y querer atraerlos a lo maravilloso y valioso que es el ministerio, pero no lo endulces con la esperanza de obtener un «sí». Si requiere trabajo físico o conducir, dilo; si se realiza por las noches o los fines de semana, dígalo. Aún más específicamente, no subestimes la cantidad de tiempo y energía que requiere un ministerio voluntario. Es injusto para las personas que tienen exigencias en sus vidas fuera de la parroquia, y es injusto para el propio ministerio porque eso lleva a un desgaste mucho mayor.

Sé claro. Ser lo más claro posible desde el inicio – con el número de horas o días que se necesitarán, la cantidad de viajes en auto, la autonomía frente a la supervisión por parte del personal de la parroquia, cuántas otras personas compartirán la carga de responsabilidad, y si piensa que puede haber algún cambio (por ejemplo, aumentar las horas de trabajo en los días más cercanos a un evento importante)—será muy apreciado. Si alguien entra en una conversación contigo sobre el voluntariado de una manera suave, estará más agradecido y será más probable que te escuche si eres claro.

Comunícate continuamente. Sigue compartiendo esas expectativas y, si pudieran cambiar, durante el período del compromiso. Lo ideal es que las expectativas establecidas no cambien demasiado a lo largo del tiempo, pero sabemos que la vida no es así de fácil, y comunicar los cambios – y, si es posible, el motivo de los mismos – puede ser útil para gestionar las expectativas de los voluntarios. De este modo, ¡no hay sorpresas!

Cuando las personas dicen "sí" a un ministerio voluntario en una parroquia, lo hacen por cierto grado de amor: por la parroquia, por el ministerio que ha significado algo para ellos, por las personas con las que sirven, o incluso por ti, su sacerdote o líder pastoral. El regalo que puedes hacer en respuesta a ese amor es gestionar las expectativas de forma honesta, clara y comunicativa.

Si hay claridad en lo que se espera, el compromiso será bastante consistente por estar sobre base sólida. Por supuesto, la vida va a seguir transcurriendo dentro y fuera de la parroquia, por lo que el compromiso tendrá un curso natural de flujo. Ciertamente, ¡nos gustaría que todos los voluntarios estuvieran tan entusiasmados con un ministerio como lo estamos nosotros!

La gestión del compromiso requiere un acompañamiento pastoral constante de los voluntarios. No son extensiones de tus responsabilidades ministeriales que no necesitan atención; independientemente de los ministerios que se les confíen, siguen siendo miembros del rebaño de la parroquia y el párroco es su pastor (y el líder pastoral laico su líder), incluso si ambos están transportando cajas de productos enlatados para el comedor de beneficencia o llenando sobres para la campaña de recaudación de fondos. No permitas que la necesidad de terminar tareas o de impulsar los ministerios te borre esto de la vista. ¿Qué está pasando en sus vidas? ¿Qué barreras para un compromiso más profundo podrían ellos necesitar de tu ayuda para ser eliminadas?

Por supuesto, otros van a incorporarse a los ministerios voluntarios titubeando, y su compromiso será fuera de serie—¡y puede que no sea el proyecto que apasione a todos los demás! Algunos querrán comprometerse con una intensidad mayor de la que tú, o la parroquia, pueden alcanzar en este momento—lo que puede ser difícil, porque no quieres apagar el entusiasmo, pero refleja nuestro punto anterior sobre la franqueza en las expectativas.

La gestión de las personas en cualquier contexto requiere estar atento a las múltiples personalidades que tienes enfrente. Habrá todo tipo de personalidades que se presenten como voluntarias en tu parroquia; con algunas será más fácil de congeniar que con otras. Desafortunadamente, te corresponde, en tu rol pastoral, gestionar esas personalidades. Podemos suponer caritativamente que todos los que participan en el ministerio parroquial tienen buenas intenciones, pero por diversas razones – algunas de las cuales pueden ser la edad, las diferencias culturales o simplemente la gama de comprensión social – no siempre pueden todos llevarse bien con todos.

Puede que se trate de un voluntario demasiado eufórico que quiere que las cosas se hagan ayer y tira la puerta del párroco; o de un voluntario necesitado que quiere quejarse por teléfono constantemente; o de un voluntario pasivo que necesita dirección constante y no toma la iniciativa de forma natural. Habrá muchos tipos que pondrán a prueba la paciencia de sus compañeros voluntarios, así como de su clero. No hay una "única manera" de gestionar las personalidades de tus voluntarios. Como dijo

James Joyce, la Iglesia católica significa "¡aquí viene todo el mundo!" y eso es precisamente lo que tendrás en una comunidad de fe—todo el mundo. Transitar por esto requiere intencionalidad por tu parte como pastor (o líder pastoral): conocer las personalidades en juego y conectarlas cuando sea apropiado, cómo acompañarlas para lidiar con ciertas circunstancias y mediar en los conflictos cuando puedas.

Por muy absurdo que sea lo dramático o divertido de sus mañas, te invito a actuar con caridad hacia todos los voluntarios. En los últimos años, se ha creado una cultura de burlarse de las "señoras de la parroquia" o de "Susan del Consejo Parroquial" en los rincones ministeriales de Internet y las redes sociales. Aunque ciertamente es útil desahogarse cuando uno se siente frustrado, o trabajar sobre algunas formas de resolver conflictos con amigos de confianza, un mentor o un grupo de apoyo, te exhorto a no permitir que la locura de los conflictos humanos impregne tu papel de sacerdote o líder pastoral en la comunidad.

Por muy tentador que sea, el sacerdote de manera especial tiene la clara responsabilidad de sobreponerse a la contienda y mantenerse *in persona Christi*, no solo sacramentalmente, sino también en comunidad.

En las palabras inmortales del libro del Eclesiastés, "Hay un tiempo para todo". A veces, las personas son conscientes del modo en que esos tiempos van y vienen en sus vidas, y otras son menos conscientes o receptivas. Tal vez un voluntario se muda de ciudad, lejos de la parroquia; tal vez se está jubilando de su trabajo de tiempo completo, o se convierte en encargado de cuidar de sus hijos o de sus padres ancianos; o, a veces, no es algo externo lo que nos conduce a terminar con un período de voluntariado, sino algo interno. Cualquiera que sea el motivo, nos pasa a todos.

En la vida parroquial somos víctimas del dilema de pasar la página con mucha facilidad: en muchas situaciones, los voluntarios estarán involucrados en un ministerio durante mucho tiempo—¡quizás incluso décadas! (Eso puede ser un regalo, porque la memoria institucional es realmente importante y la dedicación a largo plazo puede ser maravillosa. A veces, puede ser un reto, porque una atadura con el tiempo asfixia). Muchos de nosotros probablemente hemos escuchado alguna versión de esta frase por un voluntario bien intencionado: "¡He estado haciendo el ___[inserte el ministerio aquí]___ durante 35 años!" y se quedan totalmente imperturbables.

Llegará inevitablemente el momento en que alguien quiera, necesite o se vea obligado por circunstancias ajenas a su voluntad a abandonar un ministerio de voluntariado. Es mejor que estemos preparados para afrontarlo nosotros mismos—tanto aquellos que pueden tener que continuar el ministerio, como aquellos que acompañarán a otros en la transición. ¡Es un chiste un poco macabro el que dice que "no se puede despedir a un voluntario", lo cual solo es cierto cuando se ve a través de la lente de la terminación del empleo! Se puede invitar a la gente a dejar un ministerio de voluntariado—no se está realmente "atrapado" con la gente para siempre, y esa sensación de impotencia mantiene el ministerio en un ciclo de muerte. Ciertamente, puede ser muy difícil informar amablemente a alguien que se invitará a nuevos voluntarios y que se le pide que se haga a un lado, asumiendo un nuevo rol en la comunidad. Algunas parroquias utilizan modelos para mejorar esto, como el establecimiento de "límites de duración" para los ministerios de los voluntarios—por ejemplo, un periodo de tres años como lector, y luego se le pide que se haga a un lado y permita que otros sirvan en ese papel por otros tres años, a fin de dejar espacio para la integración de nuevas personas. Claro, cuando no hay un boom de voluntarios, la idea de eliminar la plantilla básica puede resultar abrumadora. Pero esto abre oportunidades a personas que quizá no se hayan sentido bienvenidas debido a la presencia de voluntarios establecidos, para dar un paso adelante y ser invitados.

¡La experiencia de los voluntarios que se marchan es también una oportunidad realmente emocionante para cultivar la planificación de la sucesión en los ministerios de voluntarios! (Lo sé: ¿quién puede entusiasmarse con la planificación de la sucesión?) ¡Ciertamente, una conversación sobre la planificación de la sucesión merece mucho más tiempo del que yo puedo dedicarle aquí! Sin embargo, esto apunta de nuevo a la cuestión candente del voluntario que ha estado sirviendo durante 35 años, que mencioné anteriormente: ¿qué sucede si se mudan de la parroquia, o están demasiado enfermos para servir, o sucede algo trágico y ya no pueden ser voluntarios? Estoy consciente de lo grotesca que puede ser esta pregunta para algunos, pero un simple hecho de la vida es que solo Cristo es permanente. ¡Ninguno de nosotros va a estar en ningún lugar para siempre! Desafortunadamente, así es como las parroquias acaban en el caos: cuando una sola persona es la que mantiene la llama, ésta se extingue con demasiada facilidad en su ausencia. Por lo tanto, si alguien ama un ministerio, seguramente querrá asegurarse de que continúe mucho tiempo después de que se hayan ido—ya que ven el inmenso valor que tiene y el impacto que puede tener en una comunidad. Por eso, invitar a los voluntarios a una planificación de sucesión es un acto de amor que pueden ofrecer a su ministerio.

Plantear las difíciles pero importantes preguntas como "¿Quién es responsable de esto si tú no estás aquí? ¿Cuál es nuestro plan de 1, 3, 5, 10 años para este ministerio? ¿Quiénes te imaginas que se van a comprometer en esos plazos? ¿A quién estás invitando a formar parte de esto para seguir adelante?" pueden ser buenos puntos de arranque para planificar la transición. Considera al menos pedirles a los responsables de cada ministerio con voluntarios – desde la venta anual de pescado frito hasta el grupo de sacristía y liturgia y pasando por todos los demás – que inviten a otra persona a formar parte de la planificación de la sucesión. Esta es una oportunidad especialmente profunda para que surjan la mentoría y el ministerio intergeneracional orgánicamente en la vida parroquial: ¿a quién van a traer como mentor, para que camine junto a ellos y comparta su sabiduría y experiencia en sus ministerios? Identificar a otra persona, especialmente más joven que ellos (¡una gran oportunidad para involucrar orgánicamente a los jóvenes adultos y a las familias jóvenes en la vida parroquial!), que creen que tiene los dones dados por Dios y tal vez una pasión por este ministerio, no solo es un regalo para el futuro, sino también para los que están directamente involucrados en el momento. Es decir, para los que reciben la mentoría, significa ser identificados como líderes potenciales y reconocidos por sus dones, propuestos incluso para algo tan simple como un ministerio voluntario; para los que hacen la mentoría, significa ser reconocidos por su sabiduría y capacidad de transmitir lo que han aprendido para asegurar que lo que aman siga vivo. La creación de este tipo de planificación de la mentoría y la sucesión puede requerir un poco de entrenamiento y acompañamiento por tu parte como sacerdote o líder pastoral, pero dará sus frutos.

En conclusión, como sacerdote o líder pastoral, tu ministerio estará saturado manejando muchos asuntos: desde las finanzas y los edificios hasta el personal y los horarios, y mucho más. Aunque la gestión de los voluntarios puede parecer abrumadora entre tantas responsabilidades, los voluntarios pueden ser gran parte del capital de una comunidad de fe, y gestionarlos bien sienta las bases de una parroquia vibrante.

13

Reuniones Parroquiales Efectivas

Peter Denio

Un colega mío, que es asociado pastoral en una parroquia suburbana, cuenta que una vez se cruzó con un feligrés en el pasillo del centro parroquial. El individuo le comentó casualmente: "Tengo una reunión del consejo pastoral esta noche, pero odio ir. Es una gran pérdida de tiempo". Después del encuentro, el asociado pastoral pensó en lo desafortunado que era que un feligrés dedicado sintiera que su tiempo y sus dones se desperdiciaban en lo que debería ser una reunión tan importante para la parroquia. Más tarde, ese mismo día, el asociado se cruzó con el párroco. Mientras se detenían para hablar de algunos asuntos, el recuerdo de la conversación con el feligrés aún estaba fresco en su mente. Pensó en sacar el tema, pero antes de que pudiera hacerlo, el párroco se aventuró a decir: "Esta noche hay una reunión del consejo pastoral, y me da pavor ir. Parece que nunca logramos nada".

Estoy seguro de que tú has pasado por eso. Todos lo hemos hecho. Tal vez no específicamente con respecto al consejo pastoral de tu parroquia, sino también a otros grupos y reuniones que han provocado pensamientos similares. Sin embargo, a pesar de todas las críticas que reciben, las reuniones son necesarias. Las reuniones eficaces pueden ayudar a la parroquia a avanzar hacia una visión común articulada por el párroco y el consejo pastoral. Pueden aportar soluciones creativas a problemas pastorales difíciles y desafiantes. Por otro lado, las reuniones se convierten con demasiada frecuencia en intercambios improductivos – incluso perjudiciales – entre los participantes, convencidos de que su tiempo ha sido mal empleado. Con el tiempo, estos sentimientos pueden llevar a las personas a sentirse frustradas, agotadas, apáticas o incluso impotentes. Y sostengo que las reuniones ineficaces pueden contribuir al estancamiento de la vida parroquial; son una causa importante de la "mentalidad de mantenimiento" en una mayoría de parroquias, en las que se realiza la misma actividad año tras año sin intentar vincularla a una visión más amplia de hacia dónde se dirige la parroquia o qué debería cambiarse para afrontar los nuevos retos pastorales.

Como líder pastoral o como párroco, tú sabes que las reuniones abarcan toda la gama de asuntos, desde sentarse con las parejas pre-Caná, pasando por las reuniones del personal, las sesiones con personas que necesitan atención pastoral o asesoramiento, sesiones plenarias de la parroquia, hasta reuniones de los comités diocesanos y los pequeños grupos de comunidad cristiana o de oración, ¡a veces todo en un mismo día! Mi objetivo es identificar algunos principios y estructuras clave que pueden ayudar a los líderes pastorales a llevar a cabo reuniones parroquiales más ajustadas y productivas. Y al hacerlo, me gustaría centrarme en las reuniones que tienen un impacto directo en los objetivos y la visión de la parroquia. En ellas suelen participar el personal pastoral de la parroquia, los consejos financiero y pastoral, el comité de administración y otros equipos de liderazgo ministerial.

¿A qué debería dedicar mi tiempo limitado?

El párroco está acostumbrado a delegar responsabilidades en los órganos parroquiales que trabajan con él para lograr una visión común para la parroquia. También pasa tiempo en el ministerio e interactuando con aquellos a quienes sirve. Pero ¿hasta qué punto da – y debería dar – a cada uno?

La respuesta sencilla es que hay que encontrar un equilibrio. Es posible que se encuentre haciendo un 80 por ciento de ministerio directo y un 20 por ciento de colaboración con los órganos de dirección de la parroquia y los líderes pastorales. Si el párroco se encuentra en el proceso de llevar a la parroquia hacia nuevas metas impulsadas por una nueva y audaz visión, entonces su tiempo probablemente debería estar más orientado a trabajar con los órganos de liderazgo. Esto no quiere decir que no deban tener acceso a él todos los feligreses. Pero, si le resulta difícil concentrarse en las decisiones estratégicas de liderazgo que se le exigen, entonces es hora de revisar cómo está asignando su tiempo. Es cierto que puede ser el único sacerdote de la parroquia o se encuentre con escasez de talento de liderazgo a su alrededor. En estos casos, sin embargo, la carga es aún mayor para transferirle a otra persona las responsabilidades que no requieran sus dones o su autoridad como párroco. Una "mejor práctica" es tener dos co-líderes voluntarios para todos los puestos de liderazgo parroquial, para asegurar la continuidad, la estabilidad y la sucesión.

¿Es necesaria esta reunión (y, si es así, tiene el párroco que estar allí)?

"Padre, ¿puedo reunirme con usted?" Aunque esté cansado de escuchar esa petición, el sacerdote debe tomarla en serio. La razón es clara: si se hace inaccesible a las personas que desempeñan funciones de liderazgo, corre el riesgo de ahogar el flujo de información e ideas esenciales para la resolución creativa de problemas y para la construcción de una parroquia centrada en el futuro.

Lo contrario también es cierto. Puede que se invite al párroco o, si las responsabilidades parroquiales no están claramente delegadas, se le *exija* que asista a reuniones en las que su presencia no es realmente esencial. Una forma de eliminar estas reuniones prescindibles de la vida pastoral es plantearse un par de preguntas fundamentales: (1) ¿Cuál es el objetivo de la reunión? y (2) ¿Es realmente necesario que el párroco asista?

Si la reunión tiene algo que ver con los objetivos y la visión a largo plazo de la parroquia, o con un asunto urgente pendiente, entonces probablemente el párroco debería estar presente. Si, por el contrario, determina que su presencia no es necesaria, se debería considerar la posibilidad de que el párroco delegue la responsabilidad en un miembro del personal, del consejo, o a un feligrés. A continuación, se presentan algunas preguntas adicionales para ayudar a tomar esa decisión:

¿Se siente cómodo el párroco al delegar la responsabilidad en otra persona?

Si el párroco delega la responsabilidad, ¿tiene la persona la información necesaria para presentar el tema en la reunión, o tiene el párroco que dedicar tiempo ahora o más tarde a prepararla y ponerla al tanto?

¿Hay alguna información que se les pueda enviar a los participantes antes de la reunión que pueda permitir una conversación más informada?

Recuerde también que hay ocasiones en las que el párroco simplemente debe posponer una reunión debido a prioridades mayores en su lista de actividades, o porque sus propias obligaciones personales o su bienestar lo exigen. El párroco tiene derecho a tomar esa decisión.

Cómo evitar la "sopa de reuniones"

Patrick Lencioni, consultor de gestión empresarial y laico católico que ha dedicado mucho tiempo a asesorar a dirigentes eclesiásticos, describe cómo las reuniones parroquiales se convierten a menudo en lo que él denomina "sopa de reuniones." Está repleta de una combinación de puntos de la agenda que a menudo no están relacionados entre sí y tienen distintos niveles de importancia. Por ejemplo, el reemplazo de mesas y sillas plegables para la sala de juegos de la parroquia puede competir en la agenda con el desarrollo de un programa diseñado para conducir a los feligreses hacia un mayor papel en la evangelización. Esto puede ocurrir fácilmente cuando no se comprenden ni se llega a un acuerdo sobre las prioridades de la parroquia, y la forma de estructurar reuniones eficaces en torno a ellas. Igualmente importante es encontrar la manera de identificar a los asistentes con los puntos apropiados de la agenda, de modo que no pierdan su tiempo en asuntos no relacionados con sus funciones y responsabilidades en la parroquia.

Manteniendo las reuniones en función de las prioridades

Para evitar caer en la "sopa de reuniones", los líderes clave (personal pastoral, miembros del consejo pastoral y financiero) deben tener una clara comprensión de la prioridad más importante para la parroquia. Con esta base, es mucho más fácil establecer la agenda de las reuniones de liderazgo con las personas adecuadas. No puedo dejar de insistir en ello: conocer la prioridad de la parroquia es imprescindible para que las reuniones sean eficaces.

¿Cómo identifica una parroquia esta prioridad? El párroco, en consulta con el personal y los consejos parroquiales, y a veces con otros grupos clave, debe tomar la iniciativa. La prioridad debe establecerse cada uno o tres años. Esto es lo suficientemente extenso como para darle tiempo a la parroquia de hacer un avance significativo hacia su visión, pero lo suficientemente corto como para crear un sentido de urgencia.

Por ejemplo, digamos que una parroquia decide adoptar la imagen de la Iglesia *como hospital de campo*, pedida por el papa Francisco, como su principal prioridad en los próximos dos o tres años. A medida que avanza hacia ese objetivo, los siguientes criterios son importantes:

1. Está estrechamente centrada en una *sola prioridad*: convertirse en un *hospital de campo*.
2. Su trabajo es *cualitativo*: la experiencia de los ministerios y las actividades se evaluarán en función de su adecuación a la visión de ser un hospital de campo.
3. El trabajo tiene una *duración determinada*: de dos a tres años.
4. El objetivo es *afirmado* y *compartido* por todos en el liderazgo pastoral. No puede ser sólo la visión del párroco; todos los que están en el liderazgo deben asentir y comprometerse con ella.

Una vez fijada esta prioridad, el párroco, el personal y los principales líderes ministeriales pueden iniciar su reunión anual de planificación pastoral (normalmente fuera de la iglesia; vea más abajo los tipos de reuniones) identificando y compartiendo las tres a cinco estrategias más adecuadas para conducirles hacia esa visión para su parroquia.

Una organización que funcione bien, con suficiente personal y recursos, probablemente pueda manejar hasta ocho estrategias. Sin embargo, las parroquias con talento, tiempo y recursos limitados harían bien en empezar con menos estrategias y aumentarlas con el tiempo.

Las siguientes tres estrategias podrían surgir en esa reunión de planificación pastoral en camino a convertirse en un *hospital de campo* para la parroquia y la comunidad:

1. Identificar y responder a las mayores necesidades pastorales (físicas, sociales y espirituales) en su comunidad.
2. Hacer hincapié en los sacramentos de sanación (reconciliación y unción de los enfermos) en todas las actividades de la parroquia, siempre que sea posible.
3. Aumentar la atención y el cuidado de las necesidades pastorales – físicas, sociales y espirituales – de quienes participan en la preparación sacramental dentro de la parroquia (primera comunión, confirmación, RICA, preparación al matrimonio).

Reiterando: es fundamental identificar la prioridad y las estrategias principales de la parroquia. Sólo entonces los equipos de liderazgo pastoral y los consejos o comités podrán estructurar sus reuniones con claridad.

Selecciona el tipo de reunión más apropiado

En la siguiente gráfica, el experto en gestión Patrick Lencioni describe los distintos tipos de reuniones parroquiales adaptadas a las necesidades específicas, junto con sus formatos.[1]

Tipo de Reunión	Tiempo Requerido	Propósito / Formato	Claves para el éxito
Check-in diario	5–10 minutos	Compartir horarios y actividades diarias	• No se siente • Mantenga todo en modo administrativo • No cancele
Reunión semanal o bimestral del personal	45–90 minutos	Revisar actividades y parámetros semanales y resolver obstáculos y problemas tácticos	• No fije la agenda hasta después del informe inicial • Posponga temas estratégicos
Temática ad hoc	2–4 horas	Debatir, analizar, hacer una lista de ideas y decidir sobre las cuestiones críticas que afectan los planes a largo plazo	• Limítese a 1–2 temas • Prepárese e investigue antes de la reunión • Participe en un buen conflicto
Trimestral/ Fuera de Sitio	1–2 días	Revisar la estrategia, el panorama, las tendencias, el personal clave, el desarrollo del equipo	• Salga de la oficina parroquial • Enfóquese en el trabajo; limite actividades sociales • No sobre-estructure ni sobrecargue la agenda

El *check-in* diario

Un enfoque poco utilizado en reuniones parroquiales que tiene el potencial de mejorar significativamente la comunicación se conoce como el check-in diario. Parte del reto actual es que el ministerio se desarrolla durante todo el día. El personal pastoral y administrativo, junto con los voluntarios, están ocupados en diferentes momentos del día y de la semana, lo que a menudo da lugar a la falta de comunicación o de colaboración.

Los check-ins diarios deberían coincidir con los períodos del día y de la semana en los que la mayoría de los líderes pastorales y administrativos están presentes en la parroquia. Por ejemplo, después de la misa diaria, o justo antes del almuerzo, o treinta minutos antes del cierre diario de la oficina parroquial. Experimenta y explora qué es lo que mejor funciona en tu parroquia. Lo ideal sería reservar un tiempo al día, o en algunos casos dos, para estas revisiones de cinco a diez minutos. Según mi experiencia, se puede lograr mucho más cuando la gente sabe que hay un tiempo fijo, durante el cual es probable que el párroco o miembros del equipo se conecten con las personas con las que necesitan hablar.

Como subraya Lencioni, estas reuniones no deberían durar más de diez minutos, una regla que debería cumplirse estrictamente. Dentro de este formato, se pueden resolver eficazmente las preguntas rápidas, las actualizaciones y los asuntos de programación. Algunos de los mayores beneficios los obtendrán los párrocos, que empezarán a ver menos interrupciones en sus agendas diarias. La otra buena noticia es que, si alguien se pierde una reunión de control, la siguiente está a sólo veinticuatro horas de distancia.

La reunión semanal o bimensual del personal

Éste es probablemente el tipo más común e importante de reunión parroquial, porque ofrece la oportunidad de que el personal se mantenga informado sobre el progreso de las prioridades identificadas por la parroquia. Y lo que es igualmente importante, garantiza que el párroco y otros líderes clave estén al tanto de las conversaciones y la información esencial para que la parroquia avance hacia sus objetivos.

La reunión semanal o bimensual del personal sirve como espacio para la resolución de problemas. Lo ideal es que la información se les facilite a los participantes con anticipación, lo cual requiere cierta lectura y preparaciones previas. Esta característica, a su vez, ayuda a garantizar un uso sabio y productivo del tiempo en que se lleva a cabo la reunión. De hecho, es más probable que las personas se comprometan con un problema, un reto o un asunto que le preocupa a la parroquia cuando ya han invertido tiempo en su solución.

Ten en cuenta que la reunión de personal – como cada uno de los otros tipos de reuniones – tiene una duración estándar que debe ser respetada. Si un asunto no puede resolverse en ese plazo, debería programarse una *reunión ad hoc* (véase tipos de reuniones, arriba), en lugar de agotar la paciencia y las neuronas de todos alargando el asunto.

Para lograr la máxima eficacia, la reunión semanal o bimensual del personal, de entre cuarenta y cinco y noventa minutos de duración, debería incluir los siguientes elementos:

Compartir la fe. Un aspecto esencial de cualquier reunión parroquial, especialmente de aquellas en las que participan los principales dirigentes de la parroquia, es el compartir la fe. Esto es diferente de la *oración leída o de la oración de memoria* hecha al unísono. Es un momento en el que los miembros del grupo reflexionan juntos sobre sus vidas informadas por la fe. Una versión del estilo de oración *lectio divina* sería perfecta para esta meditación, u otras formas de compartir que conectan intencionalmente nuestras vidas con nuestra fe. ¿Por qué es tan importante?

> Fundamenta la conversación y las deliberaciones que siguen a nuestra relación con Dios. Invita intencionalmente al Espíritu Santo a nuestras mentes y corazones, nos cambia y tiene el poder de cambiar nuestras conversaciones. Somos capaces de hacer más y de hacerlo basándonos en la voluntad de Dios (en lugar de nuestra propia voluntad) cuando dedicamos tiempo a escuchar lo que Dios tiene que decirnos *primero* en lugar de que nosotros hablemos primero o, quizás aún peor, no escuchemos en absoluto.

> Fortalece el vínculo dentro de la comunidad de liderazgo. La imagen de Pablo de nosotros como Cuerpo de Cristo sólo puede ser cierta si trabajamos para hacerla realidad. Necesitamos comprender "los gozos y las esperanzas, las penas y las angustias" (*Gaudium et Spes* 1) de los demás si queremos vivir realmente como enseñó san Pablo, "para que no haya división en el cuerpo, sino que [sus miembros] se preocupen los unos por los otros" (1 Cor 12:25).

La reflexión es valiosa para todos los líderes pastorales de la parroquia, cuya responsabilidad es atender a lo que sucede en la parroquia y en la sociedad en general.

Una *"ronda relámpago"*. Los siguientes minutos de la reunión del personal deben utilizarse para informar brevemente sobre asuntos que pueden resolverse mediante una simple respuesta de sí o no, o sobre una decisión administrativa puntual. Si el asunto es más complejo – por ejemplo, si dos responsables de ministerios tienen que ponerse en contacto sobre una próxima noche de reflexión durante la Cuaresma, o si hay que pasar información de un miembro del personal a otro en relación con una conversación con un feligrés después de la misa –, se debe reservar un tiempo después de la reunión para discutirlo con más detalle. El objetivo principal de esta fase de la reunión es la brevedad, y el facilitador (e idealmente todos los miembros de la reunión) debe responsabilizar a los participantes.

Desarrollar un "marcador". Según la fórmula de Lencioni para las buenas reuniones, la agenda debe establecerse *después* de la ronda relámpago. Así pues, ¡la agenda no debe crearse antes de la reunión! Esto puede sonar contradictorio, pero la verdad es que su agenda de liderazgo ya debería existir: *Son la prioridad y las estrategias previamente identificadas por la parroquia*. En el ejemplo anterior, la agenda es convertirse en un *hospital de campo* para la parroquia y la comunidad, y para ello se identificaron tres estrategias concretas. Si no está claro hacia dónde se dirige la parroquia (su visión) o cómo los dirigentes planean llegar hasta allí (sus estrategias), las reuniones de dirigentes pueden divagar entre prioridades de competencia entre los participantes. Sin embargo, con una visión y unas estrategias establecidas, el camino está despejado para una sesión productiva.

El "marcador" de Lencioni es una buena manera de concretar la agenda. El proceso comienza identificando cada estrategia y calificándola con un código de colores, como sigue:

Verde si se avanza según el plan.

Amarillo si hay algún retraso o desafío, pero el trabajo sigue adelante.

Rojo si el punto podría beneficiarse de una discusión en grupo y de la resolución de problemas.

Prioridad (Visión)

- Convertirse en hospital de campo

Estrategias

- Identificar y responder a las necesidades pastorales en la ciudad (Verde)
- Destacar los sacramentos de sanación en los ministerios (Rojo)
- Atender las necesidades pastorales de los participantes en la preparación sacramental (Amarillo)

Áreas Ministeriales

- Culto y Sacramentos (Verde)
- Formación en la Fe (Amarillo)
- Justicia y Servicio (Verde)
- Vida Comunitaria y Cuidado Pastoral (Verde)
- Corresponsabilidad y Administración (Amarillo)

La agenda de la reunión se convierte así en cualquier estrategia identificada como roja. Las estrategias verdes nunca llegan a la mesa porque van de acuerdo con el plan. Las estrategias amarillas se convierten simplemente en una actualización para que los participantes sean conscientes de cualquier retraso.

La belleza de este enfoque es múltiple: (1) centra a los miembros en lo que han determinado como prioridad del grupo para la parroquia, (2) elimina los temas secundarios que a veces se cuelan en las agendas cuando realmente no tienen cabida en ellas, (3) mantiene el enfoque de la reunión en la resolución de problemas (como debería ser en una reunión de liderazgo) y no en la presentación de informes, y (4) los temas que se han identificado como importantes, pero que no necesitan una resolución de problemas, no se discuten, liberando así tiempo de la reunión para otros asuntos más urgentes que afronta la parroquia.

El facilitador de la reunión puede ser cualquier miembro del equipo, o el trabajo puede rotar entre los miembros del personal. He visto reuniones en las que el párroco o el presidente del consejo pastoral o financiero han desempeñado esa función con bastante éxito. Un proceso estandarizado para determinar la agenda alivia la carga del facilitador. Esto permite que el facilitador se concentre en sus responsabilidades principales de asegurarse (1) de que todos los puntos de vista se planteen y debatan, (2) de que se identifique una decisión o acción para el cierre de la conversación, y (3) de que haya claridad sobre la decisión o acción acordada y el compromiso de los participantes de ejecutarla.

Cada estrategia tiene un monitor designado. En la reunión, cuando se revisa el cuadro del marcador para elaborar la agenda, se le pide a cada monitor que identifique los avances en su estrategia utilizando el sistema de códigos de colores. El monitor no es la única persona responsable de llevar a cabo la estrategia, ya que eso corresponde a todo el equipo de liderazgo (y probablemente a otras personas de la parroquia). En cambio, el monitor se encarga de conocer e informar sobre los avances relacionados con la estrategia. El código de colores, por su parte, es una forma rápida de determinar si ha surgido algún reto o problema que haga necesario añadir la estrategia a la agenda, sometiéndola a un debate completo por parte del equipo de liderazgo.

Volviendo al ejemplo de la gráfica, el único punto que debe figurar en la agenda de la reunión semanal o bimensual del personal es el que aparece en rojo ("destacar los sacramentos de sanación en los ministerios").

La estrategia "identificar y responder a las necesidades pastorales en la ciudad" avanza según lo previsto (en verde), por lo que no es necesario en este momento dedicarle un tiempo valioso de reunión. La otra estrategia, "atender las necesidades pastorales de los participantes en la preparación sacramental", se ha retrasado (amarillo), lo que significa que no ha avanzado según lo previsto, pero el plan se ha modificado y ese cambio se comunica al equipo de liderazgo durante la revisión del marcador. Por lo tanto, no es necesario que el equipo de liderazgo discuta o intervenga.

Por supuesto, hay otros elementos que compiten por la atención dentro de cualquier parroquia (como los que se muestran en la línea inferior del ejemplo del marcador). El proceso del cuadro del marcador reconoce que, mientras los dirigentes de la parroquia se centran en los asuntos más importantes, el personal de la parroquia se ocupa de una serie de áreas que siguen siendo importantes (por ejemplo, el culto y los sacramentos, la formación en la fe, la justicia y el servicio) y que a menudo requieren la colaboración y la resolución de problemas por parte de todo el equipo. Si una de estas áreas – todas verdes o amarillas en la gráfica anterior – pasara a ser roja, también se incluiría en la agenda de la reunión para compartirla en la sesión plenaria.

Mediante este sistema de priorización de los puntos de la agenda, se pueden ahorrar innumerables horas de tiempo durante el año, al despejar y agilizar las reuniones parroquiales. A veces, un tema de discusión requerirá un tratamiento más profundo, pero puede que no requiera la participación de todo el equipo. En estos casos, el punto de la agenda debe trasladarse a uno de los dos tipos de reuniones restantes: la de temática *ad hoc* o la de revisión trimestral/fuera de la parroquia (que se explica a continuación).

Resumen y seguimiento. Unos diez minutos antes de la clausura de la reunión, se interrumpe el debate y la persona designada para tomar notas lee al grupo las decisiones tomadas y las medidas que deben tomarse. No se trata de un recuento formal de todos los debates de la reunión. Mas bien, se cubre información esencial como (1) las acciones acordadas por el grupo para hacer avanzar las estrategias, (2) quién en la parroquia necesita conocer las decisiones que se han tomado, (3) quién de la reunión comunicará esta información, y (4) el marco temporal para comunicar esta información a los participantes clave.

Este proceso de revisión ayuda a clarificar y obtener un consenso sobre estas áreas y sobre cómo ha decidido avanzar el grupo.

El resumen y el seguimiento ayudan a garantizar que los temas más importantes para la parroquia se discutan y se comuniquen de manera oportuna. Y aunque el ejemplo utilizado aquí se refiere al personal de la parroquia, este enfoque (con algunas modificaciones sencillas) podría ser igualmente eficaz para los consejos pastorales y financieros, las comisiones, los comités y los equipos ministeriales.

La reunión temática *ad hoc*

Estas reuniones de dos a cuatro horas se limitan a uno o dos temas que exigen un debate significativo. Debido a su naturaleza altamente definida, las reuniones temáticas *ad hoc* les dan a los participantes la oportunidad de analizar y hacer una lista de ideas sobre temas cruciales que afectan a los planes de la parroquia a largo plazo. Están diseñadas específicamente para los principales líderes y personas responsables o familiarizadas con los temas que se debaten. Suelen requerir una preparación e investigación previas y, por lo general, la información debe enviarse con anticipación al momento de la reunión para que ésta pueda dedicarse al debate.

Mi experiencia es que los temas de peso de la iglesia se asignan a menudo erróneamente a las reuniones semanales o mensuales del personal. El resultado es que los asuntos que merecen un debate en profundidad no reciben suficiente tiempo o, peor aún, no reciben tiempo en estas sesiones. Esto crea una situación en la que las decisiones se toman apresuradamente o no se toman en absoluto, en detrimento de toda la parroquia.

La revisión trimestral/fuera de la parroquia

Este tipo de reunión, cuidadosamente planificada y muy estructurada, está pensada generalmente para los consejos pastorales y financieros, o para la planificación anual del liderazgo pastoral. El formato – dividido en uno o dos días – permite disponer de tiempo suficiente y de un entorno fuera de la parroquia que favorezca revisar exhaustivamente los avances en cuestiones clave, el desarrollo del equipo, la fijación de objetivos y mucho más. Sin embargo, es importante no programar ni sobrecargar estas reuniones.

Si un ministerio de tu parroquia tiene un comité de consulta, como el de administración o el de culto, debería considerar la posibilidad de adoptar el formato de revisión trimestral/fuera de la parroquia para sus reuniones más importantes. Los ministerios como el de la catequesis, que tienen un trabajo más frecuente, podrían utilizar una combinación de reuniones semanales/bimestrales y revisiones trimestrales/fuera de la parroquia.

Ten en cuenta también que los facilitadores pueden ser una gran ventaja para las reuniones temáticas o trimestrales *ad hoc*. Estas personas – dentro o fuera de la iglesia – suelen tener una serie de habilidades y conocimientos que pueden mejorar significativamente la fluidez, el contenido y la claridad de las reuniones. Al final, pueden marcar la diferencia en términos de lo que los participantes sean capaces de retener y lograr.

Además de la elección del tipo de reunión adecuado entre los que acabamos de analizar, los facilitadores constituyen un medio importante para que los párrocos y otros líderes parroquiales puedan aprovechar las "mejores prácticas", tanto del mundo eclesial como del empresarial, para garantizar que sus reuniones produzcan los mejores resultados posibles al servicio de la misión de la Iglesia.

Referencias:
"El predicador necesita también poner un oído en el pueblo, para descubrir lo que los fieles necesitan escuchar. Un predicador es un contemplativo de la Palabra y también un contemplativo del pueblo" (*Evangelii Gaudium* 154).

Nota final

1. Adaptado de Patrick Lencioni, *Death by Meeting: A Leadership Fable* (San Francisco: Jossey-Bass, 2004).

14
Gestión de Recursos Humanos

Carol Fowler

Un párroco tiene la responsabilidad fundamental de servir como líder, predicador, maestro, celebrante y persona de Dios para su pueblo. Incluido en este cargo está el papel de administrador de Recursos Humanos y, más específicamente, el de ser el líder de un grupo diverso de personal y voluntarios con el fin de implementar la misión de la Iglesia dentro de la parroquia y vincularla a la misión más amplia de la diócesis. Por eso es tan importante para su trabajo como párroco conocer algunos de los aspectos administrativos prácticos del liderazgo de personal.

¿Sabes, por ejemplo, que hay preguntas que tienes prohibido hacer durante una entrevista de trabajo? ¿Sabes qué pasos debes dar antes de despedir a alguien, o por qué un acuerdo de pago en efectivo con un empleado es una mala idea en general? ¿O por qué las evaluaciones de rendimiento y las descripciones de los puestos de trabajo son dos cosas sin las que no se puede vivir?

Recursos Humanos, o RH, abarca una increíble variedad de cuestiones de personal, desde el reclutamiento y la contratación hasta la supervisión y la formación, pasando por las nóminas y el mantenimiento de archivos. Aunque es imposible que un solo capítulo abarque todos estos aspectos, me gustaría llamar tu atención sobre una serie de áreas de Recursos Humanos que deberías conocer a fondo para ser administrador eficaz de tu parroquia.

En primer lugar, me gustaría detenerme en cuatro términos básicos que debes conocer. Los dos primeros describen cómo clasificamos a los empleados. Los dos segundos se refieren a cómo clasificamos a los empleadores. Para nuestros propósitos, hay dos tipos de empleados: exentos y no exentos. Te preguntarás: ¿de qué están exentos? La respuesta es del pago de las horas de tiempo extra. Hay dos requisitos para ser calificado como "exento". El primero es la naturaleza de la descripción del trabajo, cuyos parámetros se detallan en la Ley de Normas Justas de Trabajo y las normas subsiguientes del Departamento de Trabajo de los Estados Unidos. El segundo es la cantidad salarial mínima que debe percibir una persona para ser considerada exenta del pago de tiempo extra, aun cuando se cumplan los requisitos de la descripción del puesto.

Es útil saber en este punto qué tipos de empleados están exentos y no exentos. Los exentos se definen como aquellos cuyos puestos requieren un curso especializado de estudio, normalmente a través de un título universitario de cuatro años. Se trata de profesores, directores, administradores de centros, gestores empresariales, párrocos, vicarios parroquiales, ministros laicos profesionales cualificados y otras personas con autoridad de supervisión. Como ya sabrás, lo que a veces hacemos en la iglesia es darle a un miembro del personal un título mejor porque no podemos permitirnos darle un aumento salarial. Por ejemplo, podemos empezar a llamar a la contadora, "gerente de negocios", aunque esta persona todavía funcione como contadora. Eso no significa necesariamente que cumpla el requisito de exento. Del mismo modo, si la secretaria de la parroquia sigue siendo secretaria, el hecho de empezar a utilizar el título de "auxiliar administrativa" no la convierte en exenta.

En realidad, tiene que ver con la descripción del puesto. Y la mayoría de los auxiliares administrativos, secretarias, contadoras, empleados de oficina, bibliotecarios y trabajadores de mantenimiento están clasificados como no exentos. Cuando los empleados no están exentos, tienes que llevar un registro de sus horas de trabajo, lo que requiere algún tipo de hoja de tiempo firmada por ti y por los empleados y conservada durante tres años. Y lo que es más importante, tienes que pagarles a los empleados no exentos por cada hora que trabajen, y si trabajan más de cuarenta horas en una sola semana debes pagarles tiempo y medio. Todo esto está descrito en la Ley de Normas Justas de Trabajo.

Lo que debes recordar es que el 100 % de la prueba de una reclamación por tiempo extra presentada por un empleado descontento corresponde al empleador, no al empleado. Y la única manera de aportar esa prueba es llevar rigurosamente las hojas de tiempo firmadas por ambas partes. Puedes asignar la responsabilidad de firmar estas hojas de control de horario a otra persona con autoridad de supervisión, como la gerente de negocios.

Pasemos ahora a los dos tipos de empleadores. El primero es un empleador "a voluntad", definido como aquel que se reserva el derecho, en virtud de las leyes estatales, de despedir a cualquier empleado por cualquier motivo, con o sin previo aviso, con o sin causa, siempre que dicho despido no sea discriminatorio. La mayoría de los gobiernos estatales ofrecen a los empleadores ese derecho en sus constituciones. Y aunque pueda parecer que los empleadores a voluntad tienen una gran ventaja, hay una desventaja potencial mayor. Se deriva del hecho de que, si se presenta una demanda contra ti como empleador, el abogado defensor podría utilizar el empleo a voluntad como base para el caso de su cliente.

Como empleadores en el sector religioso, reconocemos que, de vez en cuando, nuestros asesores y defensores legales pueden utilizar una defensa "a voluntad" para una reclamación concreta. Sin embargo, como párroco, siempre es mejor pensar y actuar como un empleador de "causa justa" – el segundo tipo de empleador – porque significa que es más probable que haga lo correcto en una situación dada. Un empleador de "causa justa" es aquel que no toma medidas correctivas, incluido el despido, sin tener una razón clara, convincente y justificable. Hay muchas causas justas. Por ejemplo, puede que se haya quedado sin dinero y no pueda pagar al empleado. O puede que la persona no rinda lo suficiente o cree un ambiente de trabajo tan tóxico que nadie más pueda hacer su trabajo. Sea cual sea el motivo, siempre deberíamos considerarnos empleadores con causas justas y no tomar medidas contra ningún empleado sin poder justificarlas de forma inequívoca.

Cuidado con la discriminación laboral

Como empleadores, también estamos sujetos a la Ley de Igualdad de Oportunidades de Empleo del gobierno federal. Esta ley prohíbe la discriminación en una serie de ámbitos.

Por ejemplo, no podemos discriminar a los mayores de cuarenta años. Las personas menores de cuarenta años no están protegidas por la discriminación por edad. Por tanto, si decides contratar a alguien mayor de cuarenta años en lugar de a alguien más joven, no se te puede acusar de discriminación por edad. Por el contrario, si contratas a alguien menor de cuarenta años contra alguien mayor de esa edad y sus cualificaciones son iguales, el candidato de más edad podría presentar una demanda contra ti alegando discriminación por edad.

Como profesional de RH desde hace muchos años, puedo decirte que la discriminación por edad es lo que más tememos. Y esto se debe al hecho de que, en la mayoría de los casos, los responsables de las audiencias en los casos de discriminación por edad se identifican con las personas de más edad, traicionando quizás sus propios prejuicios. A la hora de contratar a alguien, tú tienes la responsabilidad de demostrar por qué esa persona es la más adecuada para el puesto. Hay que concretar las aptitudes o la experiencia que le hacen más atractivo que el otro candidato, y por qué encaja mejor en la cultura y la eclesiología de la parroquia. Y no puede ser por la edad.

Tampoco podemos discriminar por razón de sexo. La forma más habitual de que ocurra esto es si decidiéramos no contratar a alguien porque tiene veintisiete años, se acaba de casar y, por tanto, es probable que dentro de uno o dos años tenga un bebé y pida un permiso por maternidad. En otras palabras, no vamos a contratarla porque puede quedar embarazada. Es un ejemplo clásico de discriminación de género. No discriminamos a los hombres porque estén recién casados y sus mujeres puedan quedar embarazadas, y no podemos hacerlo con las mujeres. Por eso, en una entrevista de trabajo tenemos prohibido preguntarle a una mujer no sólo por su edad, sino también por su estado civil.

Otros ámbitos en los que la ley federal prohíbe la discriminación son la raza, la nacionalidad y la etnia. La preferencia religiosa es un ámbito que, sin embargo, se nos permite considerar en el proceso de contratación. Según la Ley de Igualdad de Oportunidades de Empleo (1972), podemos – repito, *podemos* – preguntar a los candidatos si son católicos. Tenemos ese derecho como organización religiosa. Sin embargo, yo sugeriría enmarcar la discusión de esta manera: "Si va a venir a trabajar para nosotros – sea católico o no – debe vivir según las enseñanzas de la Iglesia católica". De esta manera, estamos diciéndoles a las personas que no son católicas que tendrán que apoyar nuestra misión, o no podremos ser su empleador.

Si se les exige a los empleados que vivan de acuerdo con las enseñanzas de la Iglesia católica, ¿cómo responderemos a quienes no sigan estas expectativas? Mi respuesta es tratarlos de la misma manera que trataríamos a alguien que ha estado bebiendo en el trabajo. Nuestra primera respuesta no debería ser despedirles, sino ayudarles a afrontar el problema. Podríamos decir: "Queremos ayudarle, y aquí tiene el nombre de alguien de Caridades Católicas (u otro grupo de apoyo de buena reputación) que creemos que debería ver". En el caso de una persona divorciada y vuelta a casar sin anulación, podríamos decir: "Nos gustaría ayudarle a hacer lo necesario para resolver su matrimonio en la Iglesia". Creo que esa debe ser nuestra postura: dejar claro que queremos apoyarles porque valoramos profundamente su servicio y no queremos perderles como empleados.

Las ventajas de un manual de personal

Para orientarnos en las numerosas y delicadas áreas de RH, es importante contar con un conjunto de políticas de personal justas y claras. Estas políticas deben ser coherentes con el derecho civil. Deben aplicarse y comunicarse de forma justa y coherente a todos los empleados de la parroquia. Y deben consignarse en un manual de fácil acceso. Muchas veces, la diócesis te enviará una lista de políticas de personal y te dirá que las adoptes, dándote cierto margen para hacer cambios adaptados a tu parroquia. Si no dispones de un manual, pide a la diócesis que elabore uno para tu parroquia.

¿Qué tipo de políticas debes incluir en este manual? Las principales áreas son las escalas salariales, las descripciones de los puestos, las evaluaciones del rendimiento, los horarios de trabajo y las políticas de trabajo desde casa. Este último punto merece cierta explicación. Puede que llegues como nuevo párroco y tres de los siete miembros de tu personal te digan que trabajan desde su casa tres días a la semana. Si te sientes incómodo con eso – y puedes tener buenas razones para estarlo – tendrías motivos para decir: "Eso va a cambiar inmediatamente. Debe estar en su área de trabajo durante las horas normales de su jornada laboral". Y para apoyar tu caso, es de esperar que puedas remitirle a la sección correspondiente del manual diocesano/parroquial sobre prácticas de empleo.

Otros aspectos que podrían tratarse por escrito son las normas de vestimenta (en la mayoría de las parroquias, la vestimenta casual o informal es adecuada hoy en día), los niños en el lugar de trabajo (si un padre puede llevar al trabajo a un niño enfermo que no puede ir a la escuela) y el empleo externo (debe quedar claro que este empleo no afectará en modo alguno a su trabajo de tiempo completo con la parroquia).

En cuanto a la documentación, no puedo dejar de insistir sobre la importancia de mantener un expediente completo de cada empleado. Como nuevo párroco, debes revisar cuidadosamente cada uno de esos expedientes poco después de comenzar. Averigua, en primer lugar, si existen y, en caso afirmativo, si contienen descripciones de puestos que tengan sentido para ti.

Las descripciones de puestos son una herramienta de gestión de personal especialmente efectiva. Deben detallar las funciones, obligaciones, responsabilidades y estructura jerárquica de cada puesto. ¿Por qué son tan importantes? Porque una descripción de posición establece una línea de base para tus expectativas sobre el empleado. Estas expectativas deben estar muy claras tanto para ti como para el empleado, para evitar ambigüedades o malentendidos. Por eso te insto a que, al asumir el cargo de párroco revises cuidadosamente y renueves cada descripción con el empleado. Puede haber ocasiones, por ejemplo, en que la descripción no refleje lo que tú consideras como responsabilidades reales del puesto. En estos casos, tienes derecho a hacer cambios, y a hacerlos rápidamente. Recuerda que una descripción de puesto no es definitiva hasta que tú, como párroco, lo digas.

Ten en cuenta también que una descripción de puesto debe distinguir entre funciones *básicas* y funciones *esenciales*. Las funciones básicas son, como su nombre indica, tareas, deberes y responsabilidades que apoyan los objetivos y la misión del puesto. Las funciones esenciales suelen tener un alcance más limitado. Son aquellas funciones que, si un empleado no fuera ya capaz de realizar física o mentalmente, podrían descalificarlo para ocupar ese puesto. Por ejemplo, a un empleado de mantenimiento se le puede pedir que levante cajas de libros de texto de cincuenta libras cuando llega el comienzo del ciclo escolar. Si ese empleado queda discapacitado permanentemente y ya no puede desempeñar esa función esencial, esto podría ser un factor decisivo. Te sugiero que revises la descripción de cada puesto y pongas un asterisco junto a cada función que consideres esencial, y déjale claras esas designaciones al empleado. De lo contrario, podrías verte obligado a contratar más personal, lo que supondría un coste adicional para la parroquia.

No menos importantes que las descripciones de los puestos son las evaluaciones de rendimiento. Se trata de evaluaciones escritas del rendimiento de un empleado, preparadas por el párroco y transmitidas en privado al empleado. Es tu oportunidad de decirle a un miembro del personal: "Buen trabajo, pero aquí hay algunas áreas en las que creo que tenemos que trabajar". Las revisiones de rendimiento deben ser, en su mayor parte, experiencias positivas. Y no debería haber sorpresas para los empleados en estas revisiones. Eso es porque si hay un problema, debería haber sido comunicado previamente al trabajador. Los empleados necesitan tanto comentarios positivos como negativos, y deben ser continuos. El propósito de la evaluación de rendimiento es recoger y resumir formalmente esa retroalimentación.

La lógica es clara: si no se les dices cuál es el problema, no pueden solucionarlo. Debe ser una vía de doble sentido (ida y vuelta). Y si la opinión es negativa, asegúrate de comunicársela en privado al empleado. Quieres que su dignidad y autoestima permanezcan intactas.

Consejos para la contratación y las entrevistas

Contratar es una de las cosas más importantes que vas a tener que hacer para tu parroquia. Como se dice en los círculos de RH: "Cuanto más tiempo dediques a contratar, menos tiempo pasarás despidiendo". Otro consejo es: "No te conformes". Si estás en un aprieto para contratar a alguien para un puesto vacante, no te conformes contratando a un candidato que no esté plenamente cualificado o no es totalmente satisfactorio. Siempre puedes contratar a alguien de forma temporal, o a un coordinador, hasta que encuentres a la persona adecuada. Si eso resulta ser una tarea difícil, quizás tengas que revisar si el salario es adecuado o la descripción del trabajo es abrumadora para ese puesto.

La entrevista, por supuesto, es fundamental en el proceso de contratación. Requiere habilidades e ingenio que pueden sacarte de tu zona de confort. No querrás hacer una pregunta como: "¿Es bueno para esto?" y recibir como respuesta "No hay problema". Como buen entrevistador, debes saber hacer preguntas abiertas diseñadas para sacar lo mejor del entrevistado y arrojar algo de luz sobre su carácter.

En realidad, hay otras dos categorías de preguntas con las que debes sentirte cómodo. Una es la pregunta de antecedentes, que mira al pasado. Una pregunta de antecedentes podría ser: "Descríbame un momento en el que haya tenido un proyecto realmente exitoso, en el que haya trabajado con otros y haya producido un gran resultado". A continuación, puedes preguntar: "¿Qué hizo que funcionara?" "¿Quién formaba parte del equipo?" "¿Cuál fue su papel?" Otra buena pregunta de seguimiento es: "Cuénteme alguna vez que haya trabajado en un proyecto con un grupo de personas y no haya funcionado. ¿Qué pasó?" y, lo más importante, "¿Qué aprendió de la experiencia?" No creo que haya ningún problema porque alguien haya estado en un proyecto que fracasó. De hecho, me preocupa que alguien responda: "Nunca he participado en algo que haya fracasado". Eso me dice que nunca se ha arriesgado ni ha intentado algo diferente.

El segundo tipo de pregunta que utilizan los entrevistadores expertos es la pregunta hipotética. Mira hacia el futuro y dale al candidato la oportunidad de resolver un problema. Por ejemplo, podrías decir: "Le hemos contratado como director de educación religiosa (DER), pero enseguida se encuentra con un grupo de padres tan apegados al anterior DER que a usted no le dan una oportunidad. Critican todo lo que hace. ¿Cómo afrontaría este reto?" Preguntas hipotéticas como ésta pueden revelar mucho sobre el estilo de liderazgo de la persona, y tú debes estar preparado con una lista de preguntas de este tipo. Las preguntas hipotéticas eficaces suelen comenzar con: "Hábleme sobre un momento . . ." o "Piense en un momento . . ." o "Considere una situación en la que . . ."

En la otra cara de la moneda están las preguntas que nunca debes hacer durante una entrevista. Entre ellas están la edad del solicitante, cuándo terminó el bachillerato o preparatoria (ya que eso delataría su edad), su estado civil o sus planes familiares, su nacionalidad, si ha sido detenido alguna vez y si tiene alguna discapacidad.

Todas estas advertencias, sin embargo, no te impiden comprobar las referencias de cualquier persona que estés pensando en contratar. De hecho, es absolutamente fundamental que compruebes sus credenciales a través de otras personas. Y no estás limitado a las referencias que figuran en la lista. Puedes llamar a cualquiera. Puedes preguntar a cualquiera. Si ha trabajado en otras parroquias, llama al párroco. Averigua por qué se marchó. El hecho de que el párroco anterior diga: "No funcionó", no significa que no vaya a funcionar para ti.

Otra advertencia al considerar las credenciales de un candidato: desconfía de los currículos, que suelen hacer afirmaciones que deben ser comprobadas. Sé escéptico si alguien afirma tener un MBA de Harvard, por ejemplo. Llama a Harvard y averígualo. La gente siempre está reclamando títulos y logros exagerados, si no auténticas mentiras. Es importante saberlo de antemano, porque ¿cómo puedes confiar a alguien el dinero de la parroquia u otros bienes valiosos si no puedes confiar en que diga la verdad?

Consideraciones sobre la compensación

En el ámbito de la remuneración, la mayoría de las diócesis tienen directrices que cubren sus parroquias. Esto puede serte muy útil desde el punto de vista de poder aprovechar tu base de información. Por ejemplo, puedes saber cuál es el salario promedio de un secretario parroquial en tu decanato o vicaría, y así tener una idea más clara de lo que deberías pagar. Dicho de otro modo, ¿cuánto ganaría esa persona si no trabajara para ti?

Una de las cosas que debes tener en cuenta a la hora de tomar decisiones sobre la remuneración es, por supuesto, la capacidad económica de tu parroquia. Puesto que la responsabilidad recae en ti como párroco, es tu responsabilidad pagar las nóminas. Repito: siempre tienes que poder pagar las nóminas. No puedes entregar a un empleado un cheque el viernes y decirle: "Por favor, no lo cobre hasta el martes, cuando la colecta del domingo haya pasado por el banco". Si tienes problemas para pagar las nóminas, pide ayuda inmediatamente a la diócesis.

Unas palabras sobre los voluntarios y la remuneración. La Iglesia no paga a los voluntarios y punto. Incluso si tú les dices: "En realidad no les estoy pagando, sólo les estoy dando un pequeño regalo de $5 por cada vez que enseñan CDC", eso podría ser interpretado por el gobierno como eludir los requisitos de salario mínimo. Si quieres dar a los voluntarios tarjetas de regalo de 25 dólares en Navidad o reconocerlos con una cena o placas, está bien. Pero ten cuidado con cualquier otra cosa que tenga la apariencia de compensación.

Tampoco debe haber arreglos en efectivo fuera del sistema de nóminas para ningún empleado de tiempo completo o parcial. A veces se oye hablar de un cocinero o una ama de llaves de la parroquia a los que se les paga en efectivo. ¿Por qué es una mala práctica? En primer lugar, los pagos en efectivo te hacen responsable de sanciones estatales y federales por no retener y presentar los impuestos sobre la renta trimestralmente. En segundo lugar, es malo para los empleados. Dado que los pagos en efectivo no cuentan para las prestaciones de pensiones o del Seguro Social, pueden dejar a los empleados en la indigencia en sus años de jubilación. La ley es clara: nada de pagos en efectivo. Todos los empleados laicos, así como los sacerdotes y religiosos, deben cobrar a través de la nómina normal de empleados. Sin embargo, al personal religioso (que ha hecho voto de pobreza) no se le retienen impuestos ni se les genera el formulario W-2.

Prestaciones centralizadas

Por lo general, las diócesis administran las prestaciones de los empleados de forma centralizada. Y cada diócesis, en virtud de los contratos que negocian, tendrá requisitos que regirán el acceso a esas prestaciones: En el caso del seguro médico, por ejemplo, esos acuerdos especificarán cuántas horas al día o días a la semana debe trabajar un empleado para tener derecho a él. Como párroco, no puedes cambiar eso. Tienes que cumplir las normas diocesanas que rigen las prestaciones.

Las diócesis también establecen las normas básicas para la mayoría de las prestaciones, incluido el plan de pensiones de tu parroquia. Puede ser el tradicional plan de prestaciones definidas o los cada vez más populares planes de aportaciones definidas, como el 401(k) o el 403(b). Muchas diócesis han optado por planes de aportaciones definidas. Otras prestaciones administradas de forma centralizada son la indemnización por accidente laboral, los permisos familiares y médicos y la indemnización por desempleo. Los beneficios de permisos retribuidos incluyen los días festivos y las vacaciones, la ausencia por enfermedad, el tiempo personal, la ausencia médica y familiar, y el servicio de jurado.

Y aunque no es un beneficio en el sentido clásico, creo que como iglesia deberíamos conceder a nuestros empleados, y especialmente a los que ocupan cargos ministeriales, tiempo para asistir a un retiro anual. Para que sea significativo, debería ser un retiro de tipo formal en un lugar fuera de la iglesia. Incluso puedes usar dinero de tu fondo de desarrollo profesional para pagarlo. Míralo de esta manera: es importante que tú, como responsable de tu parroquia, fomentes el desarrollo espiritual y profesional de tu personal, y un retiro anual es un poderoso vehículo para conseguirlo.

Refinando los finiquitos

Quizá la más delicada de tus tareas de RH sea poner fin a una relación laboral. Es útil saber que existen dos tipos de renuncias. Una es la renuncia voluntaria, en la que un empleado se marcha por voluntad propia debido a su jubilación, cambio de trabajo o traslado personal a otra ciudad o estado. Aunque estas rescisiones suelen ser amistosas, requieren una documentación exhaustiva. En resumen, necesitas la renuncia por escrito. Una dimisión verbal es válida y legal, pero yo la seguiría con una carta certificada ese mismo día en la que declare que he aceptado la dimisión de la persona. Así es legal y vinculante. Y si nadie más estaba presente cuando se presentó la dimisión verbal, yo se lo diría inmediatamente a alguien – el gerente de negocios de la parroquia, el vicario parroquial, alguien del personal – para tener un testigo en caso de que surjan problemas más adelante.

Cuando un empleado dimite, debe realizarse una entrevista de salida. Si se van voluntariamente, normalmente no tendrás problemas para conseguir su cooperación. Es útil hacer preguntas como: "¿Qué le ha funcionado bien mientras ha estado aquí?" y el corolario: "¿Qué no ha funcionado tan bien?" Y no debes perder la oportunidad de preguntar: "¿Qué consejos me daría como párroco para hacer de ésta una parroquia mejor?"

El segundo tipo de renuncia es la involuntaria. Aunque esta situación puede resultar difícil para un párroco, no es anti pastoral despedir a alguien. A veces es lo más pastoral que se puede hacer por el bien de toda la parroquia. La razón puede ser el bajo rendimiento persistente del empleado, o quizás la parroquia ya no tiene presupuesto para ese puesto, o se está reorganizando.

Los despidos involuntarios pueden implicar una serie de cuestiones – incluida la indemnización por despido, la compensación por desempleo, las prestaciones, la reubicación y el debido proceso –, por lo que la documentación también es esencial en este caso. Otro sabio consejo es que cuando despidas a alguien, no lo hagas solo. Pídele a tu vicario parroquial o al gerente de negocios de la parroquia que te acompañe, o a alguien de la diócesis que ya haya pasado por esto antes. La notificación debe hacerse con humanidad y rapidez.

Algunas situaciones justifican el despido inmediato. Pero la mayoría de los despidos por motivos de rendimiento deben ir precedidos de advertencias que expliquen con detalle cuál es el problema, qué cambios son necesarios y las consecuencias si no se producen tales cambios. Si el despido se convierte en un asunto legal, es posible que tengas que confirmar que le has explicado al empleado la naturaleza del problema en más de una ocasión. Y, lo que es igualmente importante, que le diste las oportunidades adecuadas para corregir o mejorar su rendimiento mediante *coaching* (mentoría), clases u otros programas correctivos. Es importante que *te sientas* bien por haber hecho todo lo posible para evitar el despido del empleado. Lo que nos lleva de nuevo a la importancia de las revisiones del rendimiento, como se ha comentado con anterioridad.

Siempre que haya una situación que parezca que puede desembocar en un despido, puede ser útil que intervenga tu diócesis. Suelen contar con un profesional de recursos humanos que puede ayudarte a conseguir un resultado que sea justo tanto para el empleado como para la iglesia, y que pueda defenderse si se impugna legalmente.

Una mano amiga

Lo que he presentado en este capítulo no es más que una introducción al tipo de cuestiones y responsabilidades en materia de Recursos Humanos a las que deberás enfrentarte como responsable administrativo de tu parroquia. Aunque las tareas puedan parecer desalentadoras, puedes consolarte recurriendo a una red establecida de profesionales para obtener orientación y apoyo. Aparte de tu diócesis, existe la Leadership Roundtable. Esta organización de líderes empresariales sin fines de lucro se ha comprometido a ayudar a párrocos y parroquias a adoptar las mejores prácticas no sólo en el campo de los RH, sino también en la gestión fiscal, el gobierno y la recaudación de fondos. Otro recurso es el *Villanova Center for Church Management and Business Ethics*, que ofrece diversos programas de aprendizaje para nuevos párrocos. Y la *National Association of Church Personnel Administration*, NACPA, es un buen recurso que conviene conocer.

Por último, me gustaría expresar mi admiración por el incansable trabajo que realizas día tras día en tu parroquia. El hecho de que dediques tiempo a leer este capítulo (y, tal vez, a consultarlo en el futuro) dice mucho de tu deseo de convertirte en el mejor párroco posible para las personas a las que sirves.

La Recaudación de Fondos como Corresponsabilidad Cristiana

Kerry A. Robinson

Nací en una familia con una larga y orgullosa historia de apoyo filantrópico a la Iglesia católica. Hace casi sesenta y cinco años, mis bisabuelos, John y Helena Raskob, tomaron la decisión de crear una organización filantrópica privada y destinaron el dinero exclusivamente a apoyar los apostolados y ministerios de la Iglesia católica en todo el mundo. También quisieron que sus hijos y descendientes fueran corresponsables de los recursos de la fundación, y en el último recuento éramos casi cien – incluidos primos y tíos – los que nos dedicábamos activamente al servicio de la iglesia como voluntarios de la Fundación Raskob. Todos nosotros tomamos muy en serio esta invitación y este trabajo, y lo consideramos un gran privilegio.

A la edad más temprana que puedo recordar, conocí esta curiosa palabra, "corresponsabilidad", y a varios héroes y heroínas—tus hermanos sacerdotes y hermanas en la vida religiosa y, en ocasiones, pioneros laicos que dedicaban sus vidas, como cada uno de ustedes, al servicio de la misión de la iglesia. Y lo que es igualmente importante: de joven pude conocer la Iglesia católica a nivel local, diocesano, nacional e internacional, y me enamoré totalmente de ella. Me impresionó ver cómo todos estos líderes se habían entregado al servicio de un bien mayor, llevando consuelo a los demás, aliviando el sufrimiento y promoviendo la justicia social. Y, tanto si ejercían su ministerio en condiciones sociales muy duras en todo el mundo como si lo hacían aquí en Estados Unidos, poseían rasgos comunes que, desde mi punto de vista, eran extremadamente convincentes. Uno de ellos era el ser realista con pies en la tierra, tener una intencionalidad y una fe profunda. También tenían un palpable sentido de la alegría. Y recuerdo que pensé: "Nunca seré tan santa, pero si pudiera pasar mi vida ayudando a hacer avanzar *su* ministerio, entonces mi vida también podría estar impregnada de ese propósito".

Con esto como precedente, es para mí un privilegio increíble hablarles de todo lo que tiene que ver con la Iglesia, especialmente de la importancia de recaudar fondos.

Habiendo sido educada en la filantropía católica formal, mi papel era esencialmente asesorar sobre la mejor manera de dar dinero. Nunca quise ser responsable de recaudarlo. Tenía todos los prejuicios y preconcepciones que creo que todavía prevalecen en la iglesia cuando se trata de recaudar dinero. Eso empezó a cambiar hace unos doce años, cuando recibí una llamada del capellán católico de la Universidad de Yale. El padre Bob Beloin acababa de dejar la vida parroquial tras ser nombrado por su obispo capellán de Yale. Entre sus primeras tareas estaban recaudar fondos y contrarrestar las dificultades fiscales, ocuparse de unas instalaciones inadecuadas y en ruinas, y aumentar la participación de los estudiantes, sobre todo en la liturgia dominical. Me llamó y me invitó a dirigir una campaña de recaudación de cinco millones de dólares, a lo que me resistí con vehemencia. Después de todo, no tenía experiencia, sabía que lo haría pésimamente y ni siquiera me gustaba la idea de recaudar fondos, por no mencionar el hecho de que estaba embarazada de siete meses de mi segundo hijo. Sin embargo, antes de que pudiera rechazar la invitación, me pidió que rezara durante cinco días y que al cabo de ese tiempo le comunicara mi decisión.

Para mi asombro, al cabo de los cinco días le llamé y le dije: "Sí, lo haré. Pero, fundamentalmente, no lo veo como una oportunidad para recaudar dinero, sino como una invitación a impulsar y elevar el ministerio católico universitario en todo el país, sirviendo de modelo de lo que puede ser un centro vibrante, intelectual y espiritual en una universidad laica". Hubo un largo silencio en el teléfono, y el padre Bob dijo: "Ojalá hubiera pensado en eso la primera vez que te llamé".

Obstáculos para la recaudación de fondos

Como muchos de ustedes, me vi obligada a aprender a recaudar fondos en el trabajo, y lo primero que hice en Yale fue identificar los principales obstáculos que impedían a los líderes de las iglesias – personas con pasión, convicción y visión – tener éxito en la recaudación de fondos. Pensé y recé larga e intensamente sobre esta cuestión y examiné mi propio interior. El primer obstáculo que observé fue que tenemos una ambivalencia teológica sobre la riqueza. ¿Es sagrada? ¿Es pecaminosa? ¿Es santa o pecaminosa sólo en determinadas circunstancias? Hasta que no nos centremos y resolvamos cuestiones como éstas, no creo que podamos abordar la actividad de recaudar dinero sin cierto nivel de disonancia cognitiva.

El segundo obstáculo que observé – y que me costó creer – fue el lenguaje negativo asociado a la recaudación de dinero. "Pégale un sablazo". "Apriétale". "Clávalo". "Cierra el trato". Me parecía que las expresiones que oía habitualmente en relación con mi nueva profesión eran, en realidad, un lenguaje de violación, totalmente contraria a las actitudes de una persona de fe.

El tercer obstáculo puede describirse así: El capellán de Yale sabía que tenía que recaudar dinero y lo consideraba uno de los principales objetivos de su apostolado, pero nunca había recibido formación para esta disciplina en el seminario. De hecho, había una desconexión radical entre lo que se enseñaba en el seminario y la realidad de hacer frente a las preocupaciones y responsabilidades del día a día en el ámbito temporal, en particular todo lo relacionado con el dinero. Así pues, tuvo una enorme curva de aprendizaje, y una de las cosas que descubrí en muchos de los sacerdotes y religiosas con los que he trabajado desde entonces es que consideran que pedir dinero a la gente equivale a un favor personal, en lugar de verlo como una oportunidad y una posibilidad de impulsar un ministerio importante.

El cuarto obstáculo para la recaudación de fondos es lo que muchas veces he escuchado decir a sacerdotes: "Discerní la vocación al sacerdocio para llevar consuelo a los demás, para llevar a Cristo a los demás, no para incomodarlos con temas como sus finanzas personales".

El quinto obstáculo es el miedo o el rechazo. ¿Y si dicen que no? A menudo existe el temor de que, si un posible donante dice que no a mi solicitud de donativo, eso realmente significa un rechazo de quién soy y cuán efectivo soy como sacerdote.

El sexto obstáculo gira en torno a la convicción de que tu verdadero ministerio consiste en algo diferente de los asuntos temporales, en particular los fiscales y la recaudación de fondos, aun cuando éstos sean parte necesaria de la vida de la iglesia.

En resumen, la actividad de recaudación de fondos, incluso cuando se considera un componente esencial y vital responsabilidad de un párroco, se considera una distracción de su verdadero ministerio o, en el peor de los casos, una contradicción de este. Estoy segura de que estarás de acuerdo conmigo en que no se trata de un reto menor cuando tu misión incluye recaudar fondos y garantizar la plena salud financiera de tu parroquia.

La recaudación de fondos como ministerio

¿Cómo superamos estos obstáculos? Lo que propongo es un cambio radical en nuestra forma de concebir la recaudación de fondos. La actividad de recaudar fondos no es una distracción ni una contradicción con el ministerio, sino que debería considerarse un ministerio efectivo y profundo en sí mismo. Permítanme darles un ejemplo de por qué creo que esto es cierto.

He mencionado que nuestra campaña de recaudación de fondos en Yale fue de cinco millones de dólares. Cuando dimos muestras de éxito, los administradores aumentaron el objetivo a diez millones de dólares. A menudo parecía un trabajo de Sísifo, en el que nunca llegábamos al final. Sin embargo, tratábamos a todos los posibles donantes por igual. Estábamos tan deseosos de que *alguien* mostrara interés en nuestra visión – la visión de un vibrante ministerio intelectual y espiritual católico – que no importaba si esa persona era capaz de hacer una donación económica pequeña o grande, o ninguna. Creíamos que, si nuestras intenciones eran buenas y sólidas, algo bueno saldría de todos nuestros encuentros con exalumnos para hablar de nuestra visión de la vida católica en Yale. Al final, nuestros donantes más generosos resultaron ser las personas más sencillas, modestas y humildes.

Lo más importante es que tratábamos la recaudación de fondos como un ministerio y participábamos en animadas discusiones sobre una visión basada en la fe y que beneficiaba a los demás—una visión llena de alegría y pasión y que tenía el potencial de sobrevivirnos a todos nosotros. Esa conversación es un ejemplo de la gran intimidad que existe entre el capellán católico, el director de desarrollo y el posible donante. Estábamos tocando el núcleo mismo de lo que es significativo en la vida de una persona, y esta nueva perspectiva de la recaudación de fondos, como me gusta llamarla, no es una contradicción al ministerio. Encarna la importante noción de que los donantes no son objetos de los que intentamos extraer la mayor cantidad de dinero lo más pronto posible, sino sujetos que, como todos los que estamos aquí, buscan algo significativo que hacer con sus vidas, algo que bendiga la vida de los demás y que esté bien concebido, bien articulado y tenga mérito y grandes posibilidades. De hecho, ver a los donantes como sujetos y no como objetos permite a los sacerdotes abordar la actividad de recaudación de fondos o desarrollo de la misma manera en que abordan el resto de su ministerio, que es con confianza, concentración, atención, humildad y alegría. Esta importante idea cambió radicalmente la forma en que llevamos a cabo nuestra campaña en Yale.

Confiar en la Providencia de Dios

Lo que también cambió nuestro enfoque fue el darnos cuenta de que muchas de las máximas clave para una recaudación de fondos efectiva reflejaban principios de madurez espiritual. Entre ellos estaban la esperanza, la confianza y una profunda fe en la providencia. Me gustaría ilustrar esto último con la siguiente historia.

Una de mis tareas durante el semestre escolar era ir con el P. Bob a reunirme con exalumnos de Yale en sus casas u oficinas. Esto frecuentemente requería que viajáramos a otras ciudades. En uno de esos viajes condujimos dos horas y media desde New Haven a Boston para reunirnos con un posible donante muy amable durante unos treinta minutos. Él nos dijo: "Aplaudo su visión, me gusta lo que han conseguido y haré una donación". Le agradecimos su tiempo y su compromiso, pero en el largo viaje de vuelta a New Haven hablamos de si el modesto donativo que había hecho merecía la dedicación de casi un día entero. Recuerdo que le dije al P. Bob que la magnitud del donativo era cuestión de perspectiva, y que si hubiera sido el primer día de la campaña estaríamos celebrando entusiasmadamente nuestro primer donativo. En segundo lugar, le inculqué que debemos tener confianza en que estamos haciendo todo lo posible y trabajando muy duro. Y aunque no podemos predecir los resultados concretos cada vez, debemos tener la seguridad y la confianza de que algo bueno saldrá de esta dedicación al propósito y del esfuerzo. Al reflexionar, el padre Bob se mostró de acuerdo.

Pasaron seis meses. Recibimos una llamada de un exalumno de Yale que nos dijo que acababa de asistir a una fiesta con un amigo que nos había conocido al P. Bob y a mí en Boston, y habló maravillas de nuestra visión programática en Yale. Continuó diciendo que quería reunirse con nosotros con la intención de participar. Tuvimos esa reunión poco después, y el resultado fue que este hombre nos presentó una donación de aproximadamente cinco millones de dólares. Mirando hacia atrás, está claro que ese contacto nunca se habría producido si no hubiéramos impulsado fiel y decididamente nuestro ministerio de desarrollo. Ese tipo de fidelidad y confianza en la providencia de Dios – unidas a la tenacidad y a un trabajo increíblemente duro – conducirán invariablemente a resultados positivos. Y no perder nunca de vista este hecho es, en mi opinión, la clave, tanto del éxito en la recaudación de fondos, como de un enriquecimiento espiritual.

El dinero sigue a la misión

Esta nueva perspectiva de la recaudación de fondos también requiere un sentido de alegría. He mencionado antes que lo que yo veía de niña en los hermanos, sacerdotes y religiosas era una palpable sensación de alegría, un propósito y una increíble cercanía a Dios. Sin alegría, no creo que nadie pueda tener verdadero éxito en la recaudación de fondos. ¿Quién quiere dar a alguien que no tiene confianza en lo que presenta, o que no siente alegría ante las posibilidades que se le presentan?

No es tan sorprendente que nuestra máxima dominante se convirtiera en "el dinero sigue a la misión". El punto de partida para mí, incluso en aquellos cinco días de oración en los que no tenía ni idea de en qué me estaba metiendo, fue que nunca se trataba de dinero. No era una invitación a recaudar dinero, sino una invitación a hacer realidad todas las posibilidades que se presentaban. Y a articular bien y de forma convincente cuál era nuestra misión.

A medida que crecía en mi nuevo cargo, casi me parecía que los edificios que construíamos y el dinero que recaudábamos eran una distracción de nuestro verdadero trabajo. Y esto consistía en ofrecer a todos los interesados en el futuro de la iglesia un ejemplo convincente de un centro católico intelectual y espiritual de excelencia. Nunca creí que nuestro propósito fuera alcanzar un objetivo de setenta y cinco millones de dólares o construir un centro católico de treinta mil metros cuadrados. Para mí, siempre se trató de asegurar que los brillantes y talentosos jóvenes católicos que asistían a Yale recibieran una catequesis adecuada para que, cuando se convirtieran en líderes de todas las industrias y sectores del mundo, estuvieran informados por la rica tradición de nuestra fe, guiados por la doctrina social católica y sostenidos e inspirados por su fe. Esta era la razón primordial para levantarse cada día y presentarse a trabajar. Era otro brillante ejemplo del principio rector que he mencionado antes: el dinero siempre seguirá a la misión.

La llamada a la corresponsabilidad

El sentido de la corresponsabilidad no tiene casi nada que ver con el dinero, pero está en el núcleo de todo programa de captación de fondos. La corresponsabilidad puede definirse como el cuidado adecuado de todo lo que se nos ha confiado. Pero creo que va mucho más allá. La corresponsabilidad es el reconocimiento y el cuidado adecuados de lo que es posible, del potencial que tenemos a nuestro alcance. Como corresponsables cristianos, lo que hacemos con el potencial de bien que tenemos entre nosotros – ya sea que lo ignoremos diciendo: "Estoy demasiado ocupado, tengo otras responsabilidades", o que actuemos con valentía al respecto, aun sabiendo que podríamos fracasar – es la marca de un corresponsable cristiano maravilloso y espiritualmente vivo.

Si lo pensamos bien, en los últimos treinta o cuarenta años los católicos han alcanzado en este país niveles de progreso e influencia asombrosos. Se encuentran entre los más altos niveles de liderazgo en todos los sectores en los Estados Unidos y en el extranjero. Esto nos lleva a preguntarnos: "¿Por qué, como corresponsables, *no* íbamos a querer aprovechar para nosotros mismos y para la iglesia la experiencia, los conocimientos de gerencia y la capacidad de comunicación, así como la perspicacia financiera y de inversión, de estas personas que se interesan tan profundamente en la misión de la iglesia?"

Debemos esforzarnos por alcanzar la excelencia en todos los ámbitos, incluso en aquellos en los que no nos sintamos preparados o competentes, incluidos los asuntos temporales de la Iglesia. Y como parte de ello, deberíamos identificar a los católicos que quieren devolver algo a la Iglesia. No te imaginas lo agradecidos que están muchos de estos hombres y mujeres –entre los que se encuentran líderes ejecutivos miembros de la National Leadership Roundtable on Church Management. Ellos sienten una deuda de gratitud con la iglesia y quieren retribuir.

La conclusión es la siguiente: dar lo que mejor sabes hacer al servicio de la Iglesia que amas es mucho más significativo que extender un cheque por cualquier cantidad. Lo que ocurre es que te comprometes aún más con la misión de la Iglesia y el dinero acaba llegando. Lo mejor de todo es que este es el ejemplo más puro de evangelización.

Por lo tanto, intenta que el punto de partida de tus esfuerzos no sea el de los totales de la colecta, sino el reinventar una comunidad parroquial vibrante, relevante, acogedora y emocionante. El mundo está hambriento de eso. Y no tengas miedo a identificar a personas que puedan impulsarte hacia ese objetivo, y a contar con su liderazgo. Porque cuando este empeño cobre vida propia, el dinero vendrá solo.

También creo que hay muchas personas que contribuyen a los apostolados de las parroquias locales sin pertenecer necesariamente a ellas. Y ahí reside otra oportunidad. Si le dices a la gente: "Esto es lo que estamos haciendo, aquí es donde satisfacemos necesidades insatisfechas y respondemos como comunidad de fe a un mundo roto", entonces les estás dando la oportunidad de invertir y formar parte de algo que es una oportunidad tan esperanzadora.

Rompiendo el molde

Lo que ocurre a menudo es que nos quedamos atascados en una mentalidad de mantenimiento. Sabes, "siempre lo hemos hecho así, mantengamos la tradición". Pero el resultado es que se convierte en obsoleta, y entonces tenemos que preguntarnos: "¿Sigue siendo relevante nuestra misión?" Porque la vida cambia, las circunstancias cambian. Estoy segura de que es así como los párrocos lo ven – o lo verán – en sus parroquias. Así que la pregunta siempre tiene que ser: "¿Cuál es nuestra misión y cómo podemos promoverla de la manera más convincente, fiel e inspiradora?" Cuando se funciona con esa mentalidad como comunidad, invariablemente se asumen riesgos, se introducen formas novedosas de hacer las cosas y se lanzan nuevas iniciativas. Y cuando se comienzan nuevas iniciativas que son fieles a la misión, el dinero siempre llega.

Otro ejemplo de Yale lo hace un poco más concreto. Estábamos muy endeudados. Pero la respuesta del consejo de administración, en el que predominaban los laicos antes de que el padre Bob entrara en escena, era enviar una vez al año una carta de campaña general que ni siquiera estaba personalizada. No es sorprendente que no recibieran ninguna respuesta a esta carta tan negativa y genéricamente escrita, y lo que ocurrió en el transcurso de diez años fue que las donaciones realmente disminuyeron. Para empeorar las cosas, la junta directiva decidió eliminar un gran porcentaje de la lista del correo para recortar gastos.

Cuando iniciamos nuestra campaña, lo primero que tuvimos que hacer fue un control de daños masivo, y eso significó tener que encontrar a las personas cuyos nombres habían sido borrados y recuperar sus datos. Esa estrategia empezó dar frutos, literalmente. Una de nuestras primeras donaciones millonarias vino de un caballero cuyo nombre había sido borrado. De hecho, él nunca había donado a Santo Thomas Moore, la capilla católica de Yale. Una vez que sobrepasamos el control de daños, sabíamos que para tener éxito teníamos que ser merecedores de su generosidad a los ojos de los posibles donantes. No era justo pedir a nadie que contribuyera a una campaña a la que nosotros mismos no contribuiríamos. Así que el punto de partida para nosotros fue asegurarnos de que nuestra misión era relevante, que podíamos comunicarla bien y que estábamos avanzando activamente en nuestra misión de una manera digna de generosidad.

Para ello, empezamos a introducir algunos nuevos y audaces programas, como el que llamamos "La vida como Académico y Creyente". Funcionaba de la siguiente manera: una vez al mes, después de la liturgia dominical de las cinco de la tarde, invitábamos a un profesor católico de un departamento o disciplina diferente en Yale para que hablara, no de su preparación, sino de su vida personal de fe. Los estudiantes estaban fascinados con este programa, el primero en su género. Sabían que sus profesores eran héroes y heroínas intelectuales, pero no tenían ni idea de hasta qué punto su fe personal influía en su erudición y en su sentido personal de la vocación. Otra característica atractiva era que el programa no nos costaba casi nada. No teníamos que traer a los conferencistas en avión ni alojarlos en hoteles. Ya estaban en el campus.

Y adivina qué ocurrió. Cuando los exalumnos de todo el país supieron del programa de charlas, les encantó y empezaron a enviar donativos para sufragar los gastos de funcionamiento y los programas de la capilla. Esto ilustra una vez más varios puntos clave con los que espero que se queden: el dinero sigue a la misión, y recaudar fondos con éxito significa hacer las cosas de forma diferente a como se han hecho siempre. Sé audaz e ingenioso cuando las circunstancias lo exijan.

Uniendo las piezas

Además de programas imaginativos, es fundamental que los recaudadores de fondos reúnan a personas realmente competentes, tanto voluntarios como empleados. Francamente, estoy en contra de las empresas profesionales de recaudación de fondos. Suelen ser caras, y a veces tienen éxito y a veces no. Creo que es mejor – aunque hay que reconocer que es más difícil – encontrar a una persona en la que confíes y que posea cuatro puntos fuertes esenciales. La primera es saber hablar y escribir bien. En segundo lugar, mostrar dinamismo e iniciativa y no esperar a que le asignen una serie de tareas. El tercero es ser entusiasta, apasionado y totalmente comprometido con la misión de la parroquia y la visión de la campaña. Y, en cuarto lugar, contar con alguien que esté comprometido, que sea elocuente al hablar del catolicismo, y sincero en su amor por la iglesia.

Una vez que cuentes con el talento y los programas necesarios, y empieces a pensar en la recaudación de fondos como evangelización y compromiso, en lugar de como una distracción de tus deberes pastorales, estarás bien encaminado hacia un programa de desarrollo exitoso. Como he tratado de enfatizar, la recaudación de fondos *es* un ministerio, y ver a los posibles donantes como sujetos y no como objetos nos permite abordar nuestra tarea con confianza, humildad y alegría.

Para resumir lo que dice Henri Nouwen en su libro *La espiritualidad de la recaudación de fondos,*[1] "De principio a fin, la recaudación de fondos como ministerio se fundamenta en la oración y se realiza con gratitud".

Nota final

1. Ver Henri Nouwen, *La espiritualidad de la recaudación de fondos*, John S. Mogabgab, editor de la serie (Lenexa, KS: GNP Global Nazarene Publications, 2022).

16
Gestión de Riesgos

John McGovern

Tan seguro como cambian las estaciones, sabemos que vamos a encontrar riesgos en la vida. Es por eso que manejarlos de una manera efectiva y proactiva es tan crucial para el papel de ustedes como líderes parroquiales. Nadie puede eliminar los riesgos, pero se pueden minimizar y evitar que se salgan de control.

Desafortunadamente, la gestión de riesgos nos obliga a salir de nuestra zona de confort y pensar como abogados, contadores, empresarios, agentes de seguros, contratistas y más. Nos obliga a usar una variedad de sombreros y ver las cosas de manera diferente a como lo haríamos normalmente.

Para tratar de la gestión de riesgos, es útil comenzar con una serie de principios guía. Primero, las buenas cercas hacen buenos vecinos. En otras palabras, las buenas reglas, políticas y estructuras hacen buenos empleados y voluntarios dentro de la parroquia. Cuando desarrollamos reglas concisas, justas y claramente entendidas, obtenemos de nuestra gente resultados mucho mejores. Se convierten, de hecho, en buenos vecinos.

En segundo lugar, una onza de prevención vale una libra de remedio. Podemos hacer muchas cosas pequeñas ahora para evitar grandes problemas más adelante. Dicho de otra manera, podemos gestionar los riesgos antes de que se conviertan en crisis. Los pasos proactivos como controles financieros, monitoreo, auditorías e inspecciones son muy preferibles a las demandas, las bancarrotas y los titulares devastadores en los periódicos.

En tercer lugar, controlar el riesgo no te dará amigos. A nadie le gustan las reglas y regulaciones. Los empleados y voluntarios las considerarán restrictivas e innecesarios. Pero aún es necesario tenerlas en su lugar, y deben cumplirse.

En cuarto lugar, la gestión de riesgos es una forma de administración. Debido a que estamos a cargo de grandes activos, debemos cuidarlos implacablemente. Si no lo hacemos, corremos el riesgo de desperdiciarlos.

Quinto, debemos ser conscientes de las "terceras partes". Estas podrían ser personas externas o acreedores que pueden iniciar demandas o traernos otros problemas si no estamos atentos. Por ejemplo, si alguien se lastima en los locales de la iglesia y no tiene un seguro adecuado para cubrir sus facturas médicas, el hospital puede cobrarnos. Por lo tanto, debemos pensar no solo en las personas directamente involucradas, sino también en otras que agregan capas de riesgo secundarias.

Con eso como antecedente, me gustaría pasar a tres amplias áreas de gestión de riesgos que son particularmente importantes para todos ustedes como párrocos y líderes en sus parroquias. Son riesgos legales, financieros y generales.

Manteniendo los edificios seguros

La planta física es la fuente de innumerables dolores de cabeza legales. Es por eso que recomiendo mucho una inspección anual de sus instalaciones. Las inspecciones físicas de la planta deben incluir aceras, escaleras, albañilería, techos, ventanas y similares. Hay muchos inspectores de edificios que hacen consultoría adicional que pueden ayudarte con esto. O puedes aprovechar si tienes feligreses con habilidades especiales en el campo de la construcción.

Es inteligente incluir fondos para inspecciones anuales de tu planta física en tu presupuesto operativo. Alguien debe subir rutinariamente al techo para asegurarse de que no tenga filtraciones; alguien debe inspeccionar las ventanas para asegurarse de que funcionan correctamente; y alguien debe revisar las aceras y escalones en busca de ladrillos sueltos que podrían causar que alguien se caiga y se rompa una extremidad.

También ten en cuenta tus responsabilidades con respecto a cualquier proveedor que contrates. Debido a la posibilidad de demandas, debes insistir en que estos proveedores no comprometan la seguridad, que sigan estrictamente las regulaciones de OSHA (La Administración de Seguridad y Salud Ocupacional del Departamento del Trabajo de los EEUU) y no dejen cables eléctricos peligrosos, por ejemplo, desparramados por las áreas donde hay trabajadores. Debes tener un certificado de seguro actualizado en el archivo antes de contratar a cualquier proveedor. Recuerda, estos certificados solo son válidos por un año, por lo que solicitar certificados anualmente a los proveedores es extremadamente importante. Tampoco es una mala idea que la compañía de seguros del contratista te envíe estos certificados directamente por correo para asegurarse de que no estén falsificados o manipulados.

Ser inteligente legalmente también significa documentar todos los sucesos en la propiedad de la iglesia. Alguien se puede resbalar y caer, levantarse y decir que está bien, y crees que ese es el fin del asunto. Esa es una suposición peligrosa. El caso es que el individuo tiene hasta dos años después del incidente para iniciar una demanda, y si decide hacerlo y el incidente no está completamente documentado, podrías encontrarte en un terreno legal muy inestable. Entonces, cuando ocurre cualquier tipo de incidente en la propiedad de la iglesia, es mejor documentar, documentar, documentar. Eso significa obtener un nombre y número de teléfono, tomar una foto del sitio donde ocurrió el incidente y obtener los nombres y números de teléfono de los testigos. El hecho de que alguien se aleje de una caída no significa que debas bajar la guardia. Necesitas ser proactivo en todo momento.

También te aconsejaría ponerte en contacto con tu compañía de seguros, incluso si no parece haber una herida grave. Alguien que intente estafar al sistema podría sufrir una herida en la espalda trabajando en su jardín, por ejemplo, y tratar de culpar a un incidente totalmente no relacionado, como una caída en tu iglesia. Es posible que tu compañía de seguros desee comunicarse con la parte involucrada para asegurarse de que la documentación esté en su lugar para evitar cualquier reclamo ilícito en el futuro.

Enfrentando demandas por parte de los empleados

Pasemos a la arena laboral, otro campo fértil para las demandas. Esas demandas podrían llevarse a cabo por presunta discriminación por edad, discriminación de género, discriminación racial o acoso sexual. Por lo general, no tienen líneas claras en blanco y negro y son muy difíciles de manejar.

Los procedimientos de despido a menudo tienen en cuenta las demandas relacionadas con el empleo. Por lo tanto, si vas a despedir a alguien, debes tener un proceso bien definido basado en una documentación sólida. Ese proceso debe explicar claramente por qué el individuo está siendo despedido, junto con los documentos de base para probarlo, ya sean quejas o evidencia de ausentismo excesivo, tardanza, bajo rendimiento, etc. Esos documentos deben ser parte del archivo actualizado del empleado.

Siempre es recomendable redactar una carta de "salida" cuando despides a alguien. Debe indicar todos los hechos relevantes, incluso el motivo de la despedida y qué documentación está disponible para fundamentarla. Finalmente, debes exigir al empleado despedido que firme la carta, y ambos deben tener una copia. De esta manera, si se presenta una demanda alegando discriminación de tu parte seis meses o un año después, tú tienes un registro preciso de cuáles fueron los problemas y por qué tomaste las medidas que tomaste.

No es una mala idea, por cierto, que tu parroquia tenga un Manual del Empleado que describa en lenguaje directo los términos de empleo: políticas, expectativas, vacaciones, baja por enfermedad, etcétera. Además, cada empleado debe firmar una carta indicando que conoce y tiene una copia del manual. Tal documento puede ser fundamental en caso de que se presente una demanda contra tu parroquia.

Entre las áreas clave que el manual del empleado debe cubrir están las políticas que rigen el acoso sexual. Claramente, tu parroquia debe tener una política de tolerancia cero para que no haya duda en la mente de nadie de lo que constituye acoso sexual. Es particularmente importante que el párroco establezca el tono aquí, y si ve o se le informa de cualquier comportamiento o práctica que viole la política de acoso sexual, que lo trate de manera rápida y enérgica.

Mitigando los riesgos de los contratistas

Las cuestiones fiscales que rodean a los contratistas independientes son otra área de alto riesgo. Cuando contratas a alguien y no retienes impuestos, corres el riesgo de clasificarlo incorrectamente como contratista independiente, en lugar de como empleado. Un verdadero contratista independiente es alguien que mantiene un negocio con una ubicación física, número de teléfono, clientes, seguros, etc.; puede o no estar incorporado. Si tienes alguna duda, echa un vistazo a la lista de verificación que el IRS ha preparado para ver si califica como negocio o como empleado.

Ten en cuenta que, si contratas a alguien como contratista independiente y el IRS dice "No, no cumple con los criterios", entonces la parroquia será responsable de la carga fiscal total de ese trabajador, incluida la retención de impuestos sobre la renta y los impuestos del Seguro Social a nivel federal, y de la discapacidad y el desempleo a nivel estatal. Y esos impuestos terminarán costándote un 30 por ciento adicional de lo que realmente le estás pagando a esa persona.

El seguro de compensación del trabajador es otra preocupación importante al contratar a un contratista. Por regla general, los contratistas independientes no están cubiertos por el seguro de compensación de trabajadores de la parroquia; solo los empleados están cubiertos. Entonces, digamos que contratas a un contador y se cae por los escalones del frente de la iglesia y resulta herido. El seguro de compensación laboral de la parroquia no está involucrado; el contador debe usar su propio seguro. Es por eso que cada vez que contrates a un negocio externo, debes solicitar ver su certificado de seguro para asegurarse de que esté cubierto. Ten especial cuidado con los trabajadores y las empresas indocumentadas. Aunque tu corazón puede estar en el lugar correcto para darle a la señora de la limpieza un trabajo en el que le pagues sin retenerle los impuestos, podrías estar asumiendo un gran riesgo legal si ella independientemente no tiene seguro a través de su propio negocio.

Permíteme describir la magnitud de ese riesgo. El estado de Nueva Jersey tiene una regla conocida como daños triples para reclamos de compensación laboral. Si la señora de la limpieza que has contratado se cae por las escaleras en tu parroquia, por ejemplo, y termina en el hospital sin seguro, ese hospital podría terminar gastando $50,000 de su propio bolsillo para tratarla. El hospital será reembolsado de un fondo estatal especial creado para casos como ese, pero para reponer el fondo, el estado te cobrará a ti, su empleador, $150,000—daños triples, o tres veces la cantidad del reclamo.

Para reiterar, todos los que trabajan en la parroquia deben estar en la nómina como empleados o tener su propio negocio con cobertura de seguro.

Riesgo fiscal: gestión del efectivo

Pasemos la página y veamos nuestra segunda área principal de gestión de riesgos: la financiera.

Una de las áreas donde más fácilmente surgen problemas es en el manejo del efectivo, especialmente el que proviene de la colecta dominical. Específicamente, debes tener varios equipos de contadores, y el mismo equipo no debe contar todas las semanas. Rota los equipos para que te sea más fácil detectar cualquier irregularidad de una semana a otra. Además, todas las parroquias deben usar bolsas selladas y a prueba de manipulaciones para depositar los ingresos de la colecta, en lugar de las bolsas de lona tradicionales con cremallera grande. Los bancos están advertidos de que, si se rompe un sello, no deben aceptar ese depósito.

También recomiendo que al menos dos de esos contadores firmen el boleto de depósito. Y aquí está la razón: si está haciendo un depósito de cinco mil dólares y tiene un boleto de depósito firmado para probarlo, entonces esto actúa como un elemento disuasorio para que un contador o cualquier otra persona complete y traiga al banco un recibo alternativo por cuatro mil dólares y se embolse la diferencia.

Se debe emplear una contabilidad estricta de efectivo no solo para las colectas dominicales, sino también para el dinero de la cafetería escolar, los recibos de bingo, los recibos de carnaval y cualquier otro evento o actividad de la iglesia donde haya dinero involucrado. Los carnavales, en particular, pueden implicar el manejo de decenas de miles de dólares. Así que nuevamente, es importante usar bolsas selladas, equipos de contadores y boletos de depósito firmados.

Podrías pensar en el efectivo como un desperdicio tóxico. Requiere precauciones extremas en términos de cómo se colecta, dónde se almacena, quién tiene acceso a él y cómo se transporta. También debes entrenar a los empleados en técnicas de manejo adecuadas. Y con ese fin, debe haber procedimientos integrales bien establecidos. Vuelve a lo que dije anteriormente: las buenas cercas ayudan a mantener a todos honrados.

Formas sencillas de detectar el fraude

Hablando de procedimientos, uno de los más inteligentes que puedes adoptar como párroco es abrir personalmente cada estado de cuenta bancario que llega. De hecho, ningún estado de cuenta bancario debe ser abierto por nadie más que tú. La razón es que tú quieres poder examinar el registro del banco de los cheques emitidos por la parroquia a los beneficiarios o vendedores. En una estafa reciente que involucró a una iglesia, los nombres de vendedores legítimos y reconocibles se ingresaron en sus libros financieros digitalizados, pero los cheques reales se hicieron a nombre de personas que los cobraron fraudulentamente y se quedaron con el dinero, lo que finalmente se convirtió en un fraude de más de $800,000. La estafa se configuró para que cualquiera que mirara los registros electrónicos nunca pudiera detectarlo. La mejor manera de combatir este tipo de fraude es examinar los cheques y los nombres de los beneficiarios en el estado de cuentas bancario de la iglesia.

Esta práctica debe aplicarse, a propósito, a todas las cuentas bancarias que mantienes, ya sea para el CYO, la educación religiosa, la educación en el hogar (home school) o cualquier otra. La experiencia demuestra que esas pequeñas cuentas a menudo pueden ser caldo de cultivo de fraude. Aquí hay un ejemplo: puedes revisar el estado de cuenta bancario y ver un cheque de la cuenta de la educación en el hogar escrita a una tienda en línea por dos mil dólares por un televisor de alta definición. Cuando le preguntas a la jefe de ese programa, ella te dice que sí, que le escribió el cheque a la tienda en línea, pero luego lo reembolsó a la parrquia con un cheque personal para que nadie fuera engañado. Solo quería evitar pagar el impuesto a las ventas en el televisor. Bueno, al menos lo que hizo fue defraudar al estado, así como hacer un mal uso de los recursos de la iglesia. Una vez más, un poco de vigilancia de tu parte puede ayudar a descubrir este tipo de esquemas.

Otra buena salvaguardia financiera es comparar los gastos reales con los presupuestados. En otras palabras, compara lo que realmente gasta un departamento contra lo que se presupuestó al comienzo del ciclo presupuestario. Si tienes un presupuesto de suministros de mantenimiento de cinco mil dólares, por ejemplo, y a mitad de año tu conserje ya ha gastado diez mil dólares, es hora de hacer algunas preguntas difíciles. Sé de un caso que involucra a un conserje que estaba tomando suministros de la iglesia y vendiéndolos todos los fines de semana en un mercado de pulgas de Pennsylvania y embolsándose el dinero. Una comparación de presupuesto puede ser útil para detectar este tipo de abuso. Lo que realmente puede ayudarte en este esfuerzo es el software disponible comercialmente que hace que la comparación de gastos presupuestados con los reales sea rápida y simple.

Tampoco es una mala idea tener un contador en el consejo de finanzas de tu parroquia. Y asegúrate de pedirle a ese profesional que realice algunas auditorías aleatorias. El solo hecho de saber que alguien está mirando por encima del hombro debería ayudar a mantener a todos alerta.

Siendo proactivo con respecto a la matrícula impagada

El área final que quiero mencionar bajo la gestión de riesgos financieros es la matrícula impagada dentro de las escuelas católicas. Esto se está convirtiendo en un problema cada vez más grave a medida que más y más padres se quedan sin trabajo, y sus ingresos discrecionales disminuyen. El resultado es que la matrícula se paga tarde, o no se paga en absoluto.

Aunque, como católicos, simpatizamos con la difícil situación de estas familias, no podemos cerrar los ojos a las implicaciones financieras que tiene para nuestras escuelas. Debemos tratar el problema de manera proactiva estableciendo una política con respecto a la matrícula morosa y haciendo saber a los padres por adelantado que, si se atrasan x-número de meses en sus pagos, sus hijos ya no podrán asistir a la escuela. O puedes especificar que ningún niño puede graduarse a menos que su matrícula se pague en su totalidad. Tu parroquia puede tener un programa tipo "ángel de matrícula" para ayudar a las familias necesitadas. Pero es importante asegurarse de que estas políticas y programas sean conocidos de antemano por todos. El que una familia se haya retrasado dos o tres meses en los pagos de matrícula, se convierte en un proceso muy difícil de manejar cuando la matrícula impagada se incrementa.

Otro buen consejo es este: si una familia morosa decide hacer un pago único, exige que sea en efectivo o por cheque bancario. De esta manera, evitas una situación en la que los padres firmen un cheque de matrícula grande, permitiendo que su hijo se gradúe, sabiendo muy bien que el cheque va a rebotar. Han logrado abusar del sistema porque no fuimos más diligentes.

Gestionando contratistas

Más allá de lo legal y financiero hay una serie de otros riesgos que es probable que encuentres como párroco. Uno de los más grandes involucra proyectos de remodelación y construcción de edificios. Debido a que estos proyectos pueden ascender a millones de dólares, sugiero insistentemente contratar lo que se conoce como un "maestro de obras". Esta es una persona con amplia experiencia en construcción cuyo trabajo es vigilar al contratista general y garantizar que se utilicen los materiales apropiados y que no se tomen atajos u ocurran variaciones de las especificaciones originales. Debido a que el maestro de obras mantiene al contratista alerta y ayuda a mitigar o prevenir posibles problemas, su honorario merece la pena. Puedes encontrar a una persona jubilada o un feligrés con considerable conocimiento y antecedentes de construcción que estarían encantados de servir en este importante papel de gestión de riesgos para la iglesia.

Cuando se trata de mitigar el riesgo, a veces es mejor simplemente derribar un edificio. La Iglesia católica tiene muchas estructuras antiguas, y a veces son tan anticuadas y/o llenas de asbesto que no tiene sentido renovarlas o dejarlas en pie. Como líder parroquial, es posible que debas tomar esa determinación como forma de reducir tus riesgos.

Las rifas son otra área que puede meterte en problemas si no estás alerta. Asegúrate de que cualquier organización con la que te asocies para organizar la rifa siga todas las leyes y regulaciones de juegos de azar, particularmente en lo que se refiere a la obtención de licencias de juegos de azar adecuadas del estado y la distribución de libros de rifas más allá de las fronteras estatales. Tuvimos un caso de un párroco que tuvo una súper rifa pero que aparentemente no sabía y envió libros por correo a todo el país, en clara violación de las leyes postales de los Estados Unidos. Además, asegúrate de que tú y cualquier copatrocinador cumplan con las leyes fiscales federales, que requieren enviar formularios de impuestos 1099 y W-2G a cualquier ganador de la rifa de más de seiscientos dólares, ya sea en efectivo o un premio como un televisor.

Manteniendo computadoras e información seguras

Hablemos un poco sobre los riesgos informáticos, particularmente en el área de copias de seguridad. Personalmente puedo citar el caso de una gerente de negocios que fue diligente en hacer una copia de seguridad de todos sus archivos, solo para ser víctima de un robo nocturno en la rectoría que no solo resultó en la pérdida de su computadora, sino también de una caja de copias de seguridad que guardaba cerca. El mensaje es claro: todas las copias de seguridad del mundo no valen nada a menos que las asegures en otro lugar. El robo no es el único riesgo: si ocurre un incendio en la rectoría y el sistema de rociadores se prende, tus copias de seguridad podrían ser destruidas. Otro ejemplo: tuvimos un contador que obedientemente hizo una copia de seguridad de todo, pero inadvertidamente dejó su copia de seguridad en un flash drive (dispositivo de memoria portátil) en la computadora al final del trabajo un día. Cuando regresó a la mañana siguiente, descubrió que un rayo había frito la computadora y sus copias de seguridad, incluido el dispositivo de memoria portátil. Así que observa cómo tu personal maneja la copia de seguridad de información importante.

Otras tres áreas de informática que debes tener en cuenta son el corta-fuegos (o firewall en inglés), spam o correo no deseado y programas espía. Con respecto al primero, debes asegurarte de que tu personal de tecno-logía e informática haya instalado un cortafuegos que sea capaz de evitar intrusiones en tu red y la pérdida de propiedad e información personal. También es importante que los cortafuegos sean probados regularmente por compañías con experiencia para reducir la posibilidad de que un pirata informático ingrese a tu sistema.

El correo no deseado también es un problema grave debido a lo que esté adjunto a él—software que captura y envía datos patentados que residen en tu red. De una manera más mundana, como la mayoría de nosotros sabemos, el spam o correo no deseado puede obstruir tus máquinas y hacer que funcionen mucho más lento.

De la misma manera, el programa espía puede representar una amenaza grave. Una vez que este programa informático penetra secretamente en el disco duro, puede recopilar bits de información personal y monitorear su función informática. La forma de combatir esta intrusión es mediante la instalación de software anti-spyware y anti-spam. Recuerda que también debe probarse y actualizarse regularmente para que siga siendo efectivo.

Concluyamos nuestra discusión sobre la gestión de riesgos recurriendo a los planes de desastre, que cualquier parroquia con una escuela debe tener en su lugar. Los procedimientos de confinamiento son una parte importante de ese plan. Los confinamientos son protocolos de emergencia diseñados para proteger a las personas de un evento peligroso que se origina fuera de sus instalaciones, como un intruso que intenta entrar, o desde el interior, como un derrame químico en el laboratorio de ciencias. Los procedimien-tos de confinamiento deben practicarse a través de simulacros periódicos para que tu director y maestros tengan una idea clara de cuándo cerrar la escuela y cuándo mantener a los estudiantes dentro o evacuarlos. Recuerda presentar tus planes de desastre al municipio y al jefe de policía.

Los simulacros y las medidas de precaución que tomes pueden parecer a veces un inconveniente o molestia. Pero al igual que las otras formas de gestión de riesgos, que hemos mencionado, son una salvaguardia vital que te protege a ti, a la parroquia y a tu gente.

La gestión de riesgos *es* realmente una forma de buena administración que tú y tu personal deben tomar muy en serio.

Contribuyentes

Michael Brough es socio ejecutivo de La Leadership Roundtable donde trabaja con altos ejecutivos católicos y líderes eclesiales para promover las mejores prácticas en gestión y liderazgo eclesiásticos. Michael ha trabajado y formado a ministros eclesiales laicos, sacerdotes y obispos en diócesis y parroquias de Estados Unidos y trece países. También ha sido consultor de organizaciones católicas sin fines de lucro, consejos de administración, fundaciones y otras instituciones. Michael desarrolló el programa Estándares Católicos para la Excelencia de La Leadership Roundtable y está certificado por el Centro para el Liderazgo Creativo para ofrecer la herramienta *Liderazgo Católico 360*. Es miembro del cuerpo docente de la Caja de Herramientas para la Administración Pastoral y autor de capítulos sobre liderazgo y mejores prácticas en los dos volúmenes de la *Caja de Herramientas del Párroco*.

El **Dr. Arturo Chávez** ocupa actualmente el cargo de vicepresidente adjunto para la misión en la University of the Incarnate Word en San Antonio, Texas. Desarrolla, apoya y supervisa los programas e iniciativas de DEI (Diversidad, Equidad e Inclusión) de la universidad. Anteriormente, fue presidente de MACC (Mexican American Catholic College), también en San Antonio. Ayudó a la transición de MACC de ser un Centro Cultural a un Colegio Universitario Católico que ofrece licenciaturas y maestrías en el ministerio pastoral en colaboración con UIW. Los planes para obtener grados académicos únicos se ofrecen de forma bilingüe para satisfacer las crecientes necesidades de los latinos para la educación superior, especialmente para el servicio en las comunidades de fe. A lo largo de los años, el Dr. Chávez también ha fungido como profesor, ministro de los jóvenes, capellán de presos y organizador comunitario. Fundó una organización juvenil no lucrativa llamada JOVEN y desempeñó un papel decisivo en el establecimiento de otras asociaciones religiosas para abordar las necesidades urgentes de los inmigrantes, los exreclusos y las familias pobres, desamparadas y marginadas. Reconocido a nivel nacional por sus esfuerzos en la lucha contra el racismo y la pobreza, el presidente Obama lo nombró, junto con otros veinticuatro líderes nacionales, miembro del primer Consejo de la Casa Blanca para Asociaciones Religiosas y las Comunidades en 2009. El Dr. Chávez tiene una licenciatura en Estudios Religiosos de la University of the Incarnate Word, un máster de la Oblate School of Theology en Suroeste y un doctorado en Estudios Religiosos y Teológicos de la University of Denver y la Iliff School of Theology, centrado en la relación entre religión y cambio social.

Dennis M. Corcoran es actualmente el director general de Corcoran Consulting, LLC, con responsabilidades principales en la Iniciativa del Pastor Exitoso. Forma parte del profesorado del St. Vincent de Paul Seminary en Florida y de la *Caja de herramientas del Párroco* nacional. Dennis ha dirigido misiones parroquiales por todo el país y a menudo figura como ponente en conferencias. Antes de fundar Corcoran Consulting, Dennis trabajó como asociado pastoral y director de operaciones en dos parroquias de New Jersey durante treinta y cuatro años. Tiene una licenciatura en estudios religiosos de Caldwell Dominican College y un máster en ministerio pastoral/liderazgo eclesiástico de Boston College. Dennis está casado y vive en Basking Ridge, New Jersey, con su esposa, Laura. Tienen cuatro hijos.

El **padre Jesuita Allan Figueroa Deck** es un académico distinguido en Teología Pastoral y Estudios Latinos y tiene un doble nombramiento como profesor en los departamentos de estudios teológicos y estudios chicanos/latinos en la Universidad Loyola Marymount. Obtuvo un doctorado en Teología de la Pontificia Universidad Gregoriana y otro en Estudios Latinoamericanos de Saint Louis University. El padre Deck es autor o editor de nueve libros y de más de sesenta capítulos en libros y artículos de revistas sobre teología pastoral, estudios latinos, doctrina social católica, espiritualidad y competencia intercultural. El último libro del padre Deck es *Francisco, Obispo de Roma: Evangelio para el Tercer Milenio* (Paulist Press, 2016). Además de la enseñanza, la investigación y el escribir, el padre Deck ha sido administrador parroquial, director del ministerio hispano, fundador y primer director ejecutivo del Instituto Loyola de Espiritualidad en Orange, California, y cofundador y primer presidente de la Academy of Catholic Hispanic Theologians in the US (ACHTUS). Fue el primer director ejecutivo del Secretariado de Diversidad Cultural en la Iglesia de la Conferencia de Obispos Católicos de Estados Unidos. Conferenciante reconocido a nivel nacional, el padre Deck ha recibido el Premio Juan XXIII de la Catholic Library Association por su contribución a la renovación de la Iglesia en el espíritu del Concilio Vaticano II, el Premio Sadlier por su contribución a la educación religiosa y el Premio Virgilio Elizondo de la ACHTUS por su contribución al desarrollo de una teología de y para los latinos (as) en Estados Unidos.

Peter Denio trabaja como director de programas para Leadership Roundtable, facilitando programas de formación de liderazgo y proporcionando la administración general de varios de los programas de Leadership Roundtable, incluyendo la Caja de Herramientas para la Administración Pastoral, *Liderazgo Católico 360* y *Estándares Católicos para la Excelencia*. Ha trabajado a nivel nacional en organizaciones de formación de líderes al servicio de la Iglesia católica y a nivel local en el ministerio parroquial como ministro eclesial laico durante más de treinta años. Actualmente forma parte del consejo asesor de la Catholic Common Ground Initiative. Peter también trabaja actualmente como asociado pastoral para la formación en la fe de adultos en una parroquia de New Jersey. Está certificado por el Centro para el Liderazgo Creativo para impartir la herramienta Liderazgo Católico 360 y está certificado como consultor autorizado de los Estándares para la Excelencia. Peter es miembro del cuerpo docente de la Caja de Herramientas para la Administración Pastoral y autor de un capítulo sobre gestión de reuniones en *A Pastor's Toolbox 2*, Liturgical Press, 2017.

Carol Fowler fue directora del departamento de servicios de personal de la Arquidiócesis de Chicago (1991-2012), donde coordinó el trabajo de catorce agencias arquidiocesanas que supervisaban todas las funciones de recursos humanos para los quince mil laicos, religiosos y clérigos de la arquidiócesis. Carol fue presidenta de la Asociación Nacional de Administradores de Personal de la Iglesia y ha sido miembro de la Junta Directiva de Leadership Roundtable. También fue miembro del consejo asesor del Centro para el Estudio de la Administración Eclesiástica de Villanova University. Con un Doctorado en Ministerio de St. Mary's Seminary and University en Baltimore, así como una maestría en psicología de consejería de la Adler School of Professional Psychology, es una profesional líder en recursos humanos, certificada por el Institute of the Society for Human Resource Management. Carol sigue compartiendo su sabiduría con su libro más reciente, *Human Resources: Best Practices in Church Management,* Paulist Press, 2019.

El **padre César Izquierdo** es sacerdote de la Diócesis de Yakima y fue ordenado sacerdote el 3 de julio de 2018 en la parroquia Cristo Rey de Richland, en el Estado de Washington. Es párroco de la Parroquia y Escuela Santa Rosa de Lima. Originario de México, emigró con su familia al Estado de Washington a la edad de diecisiete años. Tiene una licenciatura en filosofía de la Universidad Lumen Gentium de la Ciudad de México, una licenciatura en teología de la Universidad Pontificia de Santo Tomas, the Angelicum, y una licenciatura en ética pública y doctrina social de la Iglesia de la Universidad Gregoriana de Roma. El padre César fue asignado a la parroquia de San José en Kennewick como vicario parroquial y luego como administrador parroquial. Durante sus estudios en Roma, ejerció su ministerio en el Santuario de la Inmaculada Concepción en Nápoles, Italia y en la parroquia de San Pedro en Londres. También fue voluntario con International Charities en el Centro de Refugiados Casa di Iqbal y proporcionó traducciones de documentos en el Sínodo de Obispos para la Región Pan-Amazónica en 2018-2019. Le gusta hacer presentaciones y entrevistas de radio y ha hecho transmisiones en Radio Vaticano durante las visitas apostólicas internacionales del papa Francisco, y también ha contribuido con traducción y comentarios para el Ángelus Dominical con el Santo Padre de 2017 a 2020. Más recientemente, el padre César colabora con Korgen Asociados en el Programa de Liderazgo de Servicio.

John McGovern es Contador Público Certificado, especialista en finanzas personales, planificador financiero certificado y asesor de inversiones registrado en la Securities and Exchange Commission. Comenzó su carrera en Deloitte and Touche, y en 1986 abrió su práctica contable especializada en las áreas de impuestos, gestión de inversiones y contabilidad de la Iglesia. En la actualidad, John presta servicios de contabilidad a treinta parroquias, cementerios y escuelas parroquiales.

Mark Mogilka está semiretirado y pasó más de cuarenta años trabajando en oficinas de ministerios diocesanos, ocupando cargos diocesanos de ministerio pastoral, planificación y desarrollo de liderazgo. Trabajó en las diócesis de La Crosse, Wisconsin, y Columbus, Ohio. Antes de jubilarse, fue director de corresponsabilidad y servicios pastorales de la Diócesis de Green Bay, Wisconsin, durante más de veinte años. Mark fue con frecuencia conferencista diocesano y nacional y presentador de talleres. Tiene una maestría en estudios religiosos y otra en trabajo social. Mark es coautor del libro *Pastoring Multiple Parishes*, que se utiliza actualmente en seminarios y programas de liderazgo pastoral en todo Estados Unidos. En 2006-2007 recibió el Premio Yves Congar de la Conference for Pastoral Planning and Council Development. En 2017, el Center for the Applied Research on the Apostolate (CARA) de Georgetown University concedió a Mark el Premio Luzbetek por su "ejemplar investigación eclesiástica." Mark todavía realiza algunos trabajos de consultoría. Está casado, es padre de cuatro hijos y tiene once nietos.

El **padre Juan J. Molina Flores, PhD**, sacerdote de la Arquidiócesis de San Antonio, es el quinto presidente de Mexican American Catholic College en San Antonio, Texas. Además de servir en el ministerio parroquial, el padre Molina fue director de la colecta para la Iglesia en América Latina y asesor de política exterior para América Latina y comercio internacional en la Oficina de Justicia y Paz Internacional, ambos en la Conferencia de Obispos Católicos de Estados Unidos. También trabajó con Catholic Relief Services. El P. Molina tiene una maestría en Espiritualidad y una maestría Divinidad de la Washington Theological Union en Washington, DC. Además, tiene una maestría en Economía Política Internacional y Desarrollo y un doctorado en Economía, ambos de Fordham University. Ha publicado varias obras sobre economía y espiritualidad, entre ellas el libro *The Impact of Remittances in Developing Countries: Saving, Investment, and School Enrollment*, VDM Verlag, 2007.

María del Mar Muñoz-Visoso es directora ejecutiva del Secretariado de Diversidad Cultural en la Iglesia en la Conferencia de Obispos Católicos de Estados Unidos (USCCB) en Washington, DC, donde también se desempeñó como directora adjunta de relaciones con los medios de comunicación. Antes de unirse a USCCB, Mar trabajó para la Arquidiócesis de Denver, donde ejerció varios cargos. Fue cofundadora y primera directora ejecutiva del Centro San Juan Diego, un instituto pastoral y centro de educación de adultos; también fue directora de la Oficina del Ministerio Hispano, y editora general del periódico arquidiocesano *El Pueblo Católico*. Mar posee una licenciatura en Ciencias de la Información con especialidad en periodismo por el C.E.U. San Pablo/Universidad Politécnica de Valencia, España, y una Maestría en Teología por la Universidad Madonna en Livonia, Michigan. Actualmente también forma parte de varios consejos corporativos incluyendo la Junta Directiva de la Hispanic Access Foundation, y el consejo asesor de la Iniciativa de Líderes Pastorales Latinos de Leadership Roundtable. En 2010 Mar recibió la *Medalla Benemerenti* de parte del papa Benedicto XVI por su servicio sostenido y ejemplar a la fe católica.

Jeffry Odell Korgen es consultor de Leadership Roundtable. Como presidente de Korgen Associates, es escritor y consultor eclesiástico que ofrece servicios de coaching, planificación y evaluación a organizaciones católicas e interreligiosas, entre los que destaca su labor como coordinador de la Investigación del Cardenal Dolan Sobre la Vida y las Virtudes de Dorothy Day. Anteriormente, Jeff fue director ejecutivo del departamento de planificación diocesana de la diócesis de Metuchen y director de ministerios sociales del National Pastoral Life Center. Antes de eso, trabajó como ministro de los jóvenes y como organizador principal de la Comunidad Interreligiosa de Brockton de la Massachusetts Community Action Network. Obtuvo una maestría en Ministerio Pastoral, una maestría en Trabajo Social y una licenciatura en Boston College. Está certificado por el Centro para el Liderazgo Creativo para impartir la herramienta *Liderazgo Católico 360* y es miembro del profesorado de la Caja de Herramientas para la Administración Pastoral.

Helen Osman, presidenta de Greater Wings, LLC, cuenta con más de treinta años de experiencia en la orientación de organizaciones centradas en la misión para integrar la concienciación pública, las expectativas catequéticas y las prioridades de incidencia. Aunque sus clientes van desde los locales hasta los de ámbito internacional, una de sus especialidades es proporcionar estrategias de comunicación para parroquias y diócesis católicas romanas. Helen ha trabajado en comunicaciones para organizaciones religiosas desde 1984, poco después de mudarse al centro de Texas con su esposo, John. Regresaron a Austin en noviembre de 2015, después de un paréntesis de ocho años en Washington, DC, donde coordinó las comunicaciones de los obispos católicos estadounidenses y dirigió las visitas a Estados Unidos del papa Benedicto XVI en 2008 y del papa Francisco en

2015. Es asesora del Dicasterio para las Comunicaciones, presidenta de la junta internacional de SIGNIS, la Asociación Católica Mundial para las Comunicaciones, y miembro de la junta de la Sociedad Bíblica Americana.

Nicole M. Perone es la Coordinadora Nacional de ESTEEM, el programa de formación en liderazgo basado en la fe para estudiantes católicos de colegios y universidades de todo Estados Unidos. Tiene una maestría en Divinidad de la Yale University y es Licenciada en Teología por la Loyola University Maryland. Anteriormente, Nicole fue directora arquidiocesana de formación en la fe para adultos de la arquidiócesis de Hartford. Nicole preside la Junta de Miembros del Instituto Nacional para Pastoral con Jóvenes Adultos y forma parte del equipo de redacción del marco pastoral sobre el ministerio con adolescentes y jóvenes adultos de la Conferencia de Obispos Católicos de Estados Unidos. Es miembro del Consejo Asesor Nacional de la iniciativa NeXt Level del Center for FaithJustice y del Consejo Asesor de la Iniciativa Youth in the 21st Century de Sacred Heart University, así como de la Junta Directiva de Our Lady of Calvary Retreat Center. Nicole fue delegada en el Pre-Sínodo del Vaticano sobre los Jóvenes, la Fe y el Discernimiento Vocacional, y formó parte del comité de redacción del documento final. Su trabajo ha sido publicado por *America Media, Catholic News Service, The Jesuit Post y U.S. Catholic.*

Dominic Perri trabaja como consultor principal sobre liderazgo y ha trabajado con más de dos mil sacerdotes y cien organizaciones en más de veinticinco diócesis proporcionando servicios de planificación estratégica y desarrollo de liderazgo. Dominic es consultor del Comité de Comunicaciones de la USCCB. Dominic tiene una amplia experiencia como investigador en el Survey Research Center de la University of Maryland-College Park y en el Center for Applied Research on the Apostolate de Georgetown University. Está certificado por el Centro de Liderazgo Creativo para impartir la herramienta *Liderazgo Católico 360*, es formador certificado en los 7 Covey Habits, está formado en el DiSC® profile y en programación neurolingüística. Dominic es licenciado en Física de Catholic University of America. También tiene una maestría en Sociología y otra en Economía de University of Maryland. Es autor de un capítulo sobre el desarrollo de una visión pastoral en *A Pastor's Toolbox 2*, Liturgical Press, 2017.

Kerry Alys Robinson es socia ejecutiva de Leadership Roundtable. Es miembro de la Raskob Foundation for Catholic Activities y de FADICA (Foundation and Donors Interested in Catholic Activities). Kerry es directora de la Opus Prize Foundation, responsable de un premio internacional anual dotado con un millón de dólares que honra a personas de fe cuyo ministerio se dedica a aliviar el sufrimiento humano. Ha sido asesora y fideicomisaria de más de veinticinco fundaciones nacionales e internacionales y organizaciones benéficas no lucrativas. Antes de trabajar en Leadership Roundtable, Kerry fue directora de desarrollo de Saint Thomas More Catholic Chapel and Center en Yale University, donde dirigió una exitosa campaña de recaudación de 75 millones de dólares para ampliar y dotar el ministerio intelectual y espiritual de la Capilla y construir un centro católico para estudiantes. Escritora habitual y conferencista internacional, Kerry es la autora premiada de *Imagining Abundance: Fundraising, Philanthropy, and a Spiritual Call to Service,* Liturgical Press, 2014. Kerry es columnista de Chicago Catholic desde 2017. Es graduada de Georgetown University y Yale University.

El **diácono Patrick Stokely** es director senior de programas en Leadership Roundtable y ofrece una gama completa de programas de formación de liderazgo y servicios de consultoría. Lleva más de veinte años facilitando la formación en liderazgo para el clero católico y líderes laicos en Estados Unidos y Canadá. Patrick cuenta con una amplia experiencia tanto en el ámbito empresarial como en el religioso, y ha ocupado importantes puestos de liderazgo en ventas y marketing en AT&T y Verizon. Tiene una amplia experiencia en análisis y diseño organizativo trabajando con obispos y sus equipos de liderazgo. Patrick está certificado por el Centro de Liderazgo Creativo para impartir la herramienta *Liderazgo Católico 360,* es consultor autorizado certificado de Estándares para la Excelencia y está certificado en el DiSC® Profile. También forma parte del profesorado de la Caja de Herramientas para la Administración Pastoral. Patrick es diácono permanente y trabaja en la arquidiócesis de Filadelfia.